Buch

Hansens Hexe ist im wesentlichen eine Kräuterhexe, in deren Garten sich Alraune, Bilsenkraut, Tollkirsche, Stechapfel, Schierling und Sturmhut ranken, und deren Wachstum und Gang durch die Literatur und Geschichte von Hansen episodenartig nachvollzogen wird. Gleichzeitig wandert der erwartungsvolle Seitenblick immer wieder zum geheimnisumwitterten Kräuterkessel der Hexe, die als Trägerin alter Naturweisheiten ihre Kenntnisse über die magische Wirkung von Kräutern zum einen dazu einsetzte, um, wie Hansen meint, »ihren Lebensunterhalt zu bestreiten.«

Ihre Kräutermischungen fanden u. a. regen Anklang bei Giftmördern, Kranken, Liebessehnsüchtigen, wurden aber auch bei magischen Ritualen verwendet; zum anderen jedoch bildeten sie die Grundlage zu den Flugsalben, mit denen sich die Hexen einrieben, bevor sie zum Sabbat flogen.

Hansen versucht, mit Hilfe alter Vorlagen dem Geheimnis bzw. den Rezepturen des Hexenzaubers auf die Spur zu kommen und damit auch das Geheimnis des Sabbats zu ergründen.

Die Hexe als diejenige, die seit eh und je auf dem Zaun zwischen »Zivilisation und Wildnis« saß, zwischen der einen Wirklichkeit und der anderen? Die Hexe als diejenige, die diesen Zaun mit Hilfe ihrer magischen Kräuter ab und zu verließ, um in die andere Wirklichkeit zu gehen, zum Sabbat zu fliegen? Vielleicht liegt darin die Bedeutung des Sabbats, und die Frage, ob er in Wirklichkeit stattgefunden hat, würde somit irrelevant werden, denn wie Hansen schreibt:

»Es wäre nicht verwunderlich, wenn dies dazu führen würde, daß wir in Zukunft plötzlich einsehen müßten, daß Hexenflug und Hexensabbat auch wirklich stattgefunden haben, wenn auch auf einer Ebene, die wir bis jetzt noch nicht auszukundschaften vermochten.«

Harold A. Hansen

Der Hexen garten

Die Zauberkräuter des Mittelalters und ihre Wirkung

GOLDMANN VERLAG

Made in Germany · 2/87 · 1. Auflage
Genehmigte Taschenbuchausgabe
© by Dianus Trikont Buchverlag GmbH, München
Umschlaggestaltung: Design Team München
Umschlagillustration: Fred Weidmann, München
Satz: IBV Satz- und Datentechnik GmbH, Berlin
Druck: Presse-Druck Augsburg
Verlagsnummer: 11784
GÖ/Herstellung: Martin Strohkendl
ISBN 3-442-11784-4

Inhalt

- 7 Vorwort
- 11 Einleitung

- 20 Der Hexengarten
- 23 Alraune
- 39 Bilsenkraut
- 49 Tollkirsche
- 57 Stechapfel
- 65 Schierling
- 73 Eisenhut
- 83 Flugsalben
- 103 Mutterkorn und Roggenbrot
- 142 Nachwort

- 157 Abbildungsverzeichnis
- 158 Bibliographie

Vorwort

Hansens »Hexengarten« ist ein bemerkenswertes Buch. Zum einen liefert es klare Untersuchungen über die Tragweite des auf Ritualen und Aberglauben basierenden Drogengebrauchs in der Geschichte Europas, zum andern eine hervorragende Bibliographie und wird somit wohl von weiten Teilen der Wissenschaftler dankbar aufgenommen werden. Aber auch der Laie, der sich für die religiöse, soziale und kulturelle Entwicklung der westlichen Zivilisation interessiert, wird gleichermaßen fasziniert sein.

Die neuerliche starke Zunahme an Untersuchungen über halluzinogene Pflanzen hat dazu beigetragen, das Interesse der Wissenschaft auf Hexenkunst, Zauberei, Weissagungen, Prophezeiungen und andere magische Praktiken zu lenken. Untersuchungen über halluzinogene und andere bewußtseinserweiternde Pflanzen haben die bis dahin recht begrenzten Gebiete von Geschichte und Sozialwissenschaft stark ausgeweitet. Die Möglichkeit, die in diesen Pflanzen wirksamen Stoffe als Mittel in der Experimentalpsychologie oder sogar der Psychiatrie einzusetzen, und die außergewöhnlichen neuen Perspektiven, die der Pflanzenchemie durch entsprechende Forschungen eröffnet wurden, hat viele zeitgenössische Forschungsspezialisten begeistert.

Ganz im Gegensatz zu den Drogen primitiver Völker in entlegenen tropischen Gebieten sind die giftigen und narkotischen Pflanzen, die im Mittelalter bei den Hexen Europas hochgeschätzt waren, in weitem Umfang bekannt, und auch die Rolle, die sie innerhalb abergläubischer Praktiken gespielt haben, ist relativ gut durchleuchtet. Einige von ihnen haben als grundlegende Stoffe Eingang in die offiziellen Arzneimittelverzeichnisse gefunden. Trotzdem war es bis jetzt immer noch schwierig gewesen, in einem Band zusammengefaßt so viel an zuverlässiger Information über das Ausmaß der Verwendung von Drogen in der europäischen Hexenkunst zu finden, wie es der »Hexengarten« liefert.

Dieses Buch erweist uns insofern einen beachtenswerten Dienst, als es die zeitgenössische Literatur über Halluzinogene und Gifte um eine lesenswerte, ausgewogene, gut dokumentierte Studie bereichert, die eine spezielle Stufe in der Geschichte und Bedeutung der Rauschpflanzen beleuchtet. Dieser Band, der zuerst auf dänisch erschien und von daher nur einem ziemlich kleinen Publikum zugänglich war, kann jetzt, durch die sorgfältige Übersetzung von Muriel Crofts, einem größeren Leserkreis eröffnet werden.

Um den tiefgreifenden Einfluß von Halluzinogenen auf viele Bereiche menschlicher Aktivitäten vollkommen zu verstehen, muß jedoch zuerst ein klares Bild ihrer fundamentalen Bedeutung in frühen europäischen Kulturen geliefert werden. Gerade in diesen geographischen Breiten ging der Gebrauch von bewußtseinserweiternden Drogen und Giften weit über magisch-religiöse Zeremonien und Heilungsrituale hinaus und schloß vielmehr die gesamte Philosophie von Geburt, Leben und Tod in sich ein. Die gedanklichen Grundlagen, auf denen die Hexenkunst basierte, wie – die Beeinflussung des Übernatürlichen für gute oder üble Zwecke, die Heilung oder das Heraufbeschwören von Krankheiten, Praktiken, die Geburt als auch den Schutz des Neugeborenen vor böswilligen Einflüssen umfaßten, die Vorbereitung auf den Tod und auch häufig das Beschützen der Seele nach dem Tod – waren durch das ganze Mittelalter hindurch für die gesamte europäische Kultur charakteristisch. Rauschpflanzen waren während dieser langen Zeitspanne wesentlicher Bestandteil der Aktivitäten der Hexen, und ihr Einfluß dauerte, wenn auch in leicht verwässerter Form, bis relativ weit in die heutige Zeit hinein. Obwohl oberflächlich betrachtet kein Zusammenhang mehr bestehen mag, so sind doch die derzeitigen, etwas problematischen Praktiken des Exorzismus in Europa ein direkter Abkömmling der mit der Unterstützung von Rauschdrogen arbeitenden Hexenkunst früherer Zeiten, die selbst die Religionen zu unterminieren vermochte, durch die die europäischen Völker lange Zeit geknechtet wurden.

Das rätselhafte ›Antoniusfeuer‹ (Ergotismus) ist ein gutes Beispiel für den starken Einfluß, den die mit Rauschdrogen arbeitende Hexenkunst für Hunderte von Jahren in Europa ausübte. Ergotismus wurde lange Zeit sowohl von Ignoranten als auch jenen, die es hätten besser wissen müssen, mystifiziert, bis letztendlich doch seine wahre Ursache entdeckt wurde, die in einer Vergiftung durch einen Ascomyceten bestand, der als Parasit auf Roggen und bestimmten Gräsern wächst (Mutterkorn, claviceps purpurea; Anm. d. Übers.). In neuerer Zeit sind nun sogar die verblüffenden Theorien aufgestellt worden, daß die Hexenverfolgungen in Neu-England, vor allem in Salem, Massachusetts, ebenso wie die Mysterien von Eleusis im antiken Griechenland Ausdruck von Mutterkornvergiftung waren.

Eine kritische Untersuchung des gesellschaftlichen, religiösen, politischen und geschichtlichen Einflusses, den Hexengebräue, Geheimrezepte und Teufelsmixturen durch ihren geschickten und vielfältigen Einsatz im mittelalterlichen Europa ausübten, führt sicherlich auch zu einem Verständnis grundsätzlicher Dinge. Bei der Einschätzung dieses Einflusses bietet einem H. A. Hansens Beitrag eine große Erleichterung; dazuhin macht er die Arbeit unterhaltsamer und trägt dazu bei, deren Relevanz für die mannigfachen kulturellen Aspekte aufzuzeigen, zu denen man durch eine Betrachtung der Hexenkunst vordringt.

> Richard Evans Schultes, Ph.D.
> Holding the chair of Paul C. Mangelsdorf
> Professor of Natural Sciences;
> Director, Botanical Museum
> of Harvard University,
> Cambridge, Massachusetts.

Einleitung

enn die Sonne ins Meer taucht und sich die Dunkelheit dumpf und bedrohlich auf das Land senkt, beginnt sich das Kräfteverhältnis zwischen Gut und Böse zu verändern. Während tagsüber Gott, die himmlischen Heerscharen und das Menschengeschlecht regieren, schwärmen, sobald das Abendläuten die Sonne zum Untergehen gebracht hat, alle möglichen Kreaturen aus der Welt des Bösen hervor – ungeweihte Tote steigen aus ihren Gräbern auf, Dämonen, Gnome und Elfen kriechen aus ihren Verstecken hervor. Am schlimmsten jedoch ist, daß es selbst unter den Menschenwesen Verräter gibt, nämlich Hexen und Magier, die im Pakt mit dem Teufel und dessen Gefolgschaft nachts die Herrschaft übernehmen, bis die ersten Sonnenstrahlen den Kräften des Guten zu Hilfe eilen und die Menschen in angemessener Sicherheit ihren Geschäften nachgehen können.«

Genauso stellten sich die Menschen in der Vergangenheit die Dualität zwischen Natur und menschlicher Existenz vor, und ein Teil dieser Auffassungen reicht sicherlich bis in die heutige Zeit hinein. Von daher kommt es wohl auch, daß uns bei Sonnenfinsternissen immer noch eine vage Unruhe befällt oder daß wir jeden mißtrauisch beäugen, der bis spät in die Nacht hinein arbeitet. Wir bestehen, wenn vielleicht auch unbewußt, darauf, daß die Grenze zwischen der Welt des Lichts und der Dunkelheit gewahrt bleibt, weil noch die vage Ahnung in uns steckt, daß eine Änderung dieses Kräfteverhältnisses unvorhersehbares Unglück heraufbeschwören könnte.

Unsere Vorfahren waren davon überzeugt, daß das empfindliche Gleichgewicht zwischen Gut und Böse nur dadurch aufrechterhalten werden konnte, daß alle, ohne Ausnahme, in ihrem Glauben beständig blieben. Krieg, Pest und Hungersnot – alles Zeichen des erhobenen Zeigefingers Gottes – verwüsteten das Land mit solcher Regelmäßigkeit, daß man deshalb den Hexen einen Großteil der Schuld in die Schuhe schieben mußte, da sie ja sowohl im Bereich des Lichts als auch der Dunkelheit heimisch waren. Von daher wird es auch verständlich, daß man alles versuchte, sie zu unterdrücken, was sich jedoch als schwierig erwies, da die Hexen lieber unbekannt blieben und auch ausgesprochen gut organisiert waren, um besser geschützt zu sein und ihre Taten mit größerer Sorgfalt durchführen zu können.

Genauso wie christliche Gemeinschaften immer hierarchisch gegliedert waren, mit Kaiser und Papst an der Spitze und Leibeigenen und Bettelmönchen auf der untersten Stufe, und genauso wie die Herrscher der Hölle Untertanen hatten, die vom Erzteufel bis zum jämmerlichsten, ja fast bedauernswerten kleinen Kobold reichten, bildete sich im Laufe der Zeit in den Hexenzirkeln eine hierarchische Ordnung heraus, an deren Spitze ein europäischer Hexen-Papst stand, dem alle Hexen zu Gehorsam verpflichtet waren. Dessen unmittelbarer Vasalle, der ›Große Hexenmeister‹, befahl über die Hexenzirkel in den verschiedenen Ländern, die ihrerseits wieder je von einem ortsansässigen Zauberer geführt wurden.

Man kann ab der Antike verfolgen, wie die Umrisse dieses zunächst noch recht wundersam anmutenden Phantasiegebildes mehr und mehr an Gestalt gewinnen, angefangen vor allem beim ›Goldenen Esel‹, in dem Apuleius (ca. 123 v. Chr. – ?) ein klar umrissenes Bild der Hexen und ihres Unwesens zeichnet, bis hin zur ausgefeiltesten Darstellung im ›Malleus maleficarum‹, dem ›Hexenhammer‹ aus dem Jahre 1486, geschrieben von den Dominikanermönchen Heinrich Kramer und Jacob Sprenger, und in den folgenden Jahrhunderten überaus eifrig von all denen zu Rate gezogen, die auch nur im entferntesten etwas mit Hexenverfolgung zu tun hatten.

Als zu Beginn des vergangenen Jahrhunderts zum ersten Mal wissenschaftliche Methoden zur Erforschung der Geschichte der Hexenkunst eingesetzt wurden, gelangte Jacob Grimm zu der Theorie, daß die Wurzeln der Hexenkunst in der heidnischen Mythologie der Germanen lägen. Soldan, ein weiterer deutscher Gelehrter, vertrat die Auffassung, daß die Ursprünge in der alten griechisch-römischen Kultur zu suchen seien. Aber weder diese noch irgendwelche andere Theorien, die zu diesem Zeitpunkt entwickelt wurden, vermochten die Hexen mit einer Daseinsberechtigung auszustatten.

Erst der Ägyptologin Dr. Margaret Murray gelang es, dem bis dahin noch dürren ideologischen Skelett der Hexenkunst lebendige Gestalt zu verleihen. Ihrer Meinung nach verehrten die Hexen ursprünglich den gehörnten Gott Cernunnos, einen heidnischen Fruchtbarkeitsgott der Antike.[1] Weiterhin behauptete Dr. Murray, daß die Hexen diese Verehrung aufrechterhalten hatten, und zwar sowohl über die Jahrhunderte hinweg, in denen zwar noch heidnische aber dennoch schon mit hochentwickelten mythologischen Aspekten durchsetzte Vorstellungen herrschten, als auch bis weit ins Zeitalter des Christentums hinein. Dies war auch wirklich keine allzu abwegige Theorie, zumal Parallelen

[1] Ausgeführt in ihren beiden Hauptwerken, Murray (1921) und (1933).

dazu bekannt sind: eine ganze Anzahl Naturgottheiten des Steinzeitalters lebt heute noch im Aberglauben südeuropäischer Völker weiter. Demnach ist die weiter oben geschilderte Dualität nichts anderes als die Fortsetzung animistischen Glaubens bis ins Zeitalter des Christentums hinein. Am Anfang wurden deshalb auch Dr. Murrays Theorien mit Begeisterung aufgenommen, lieferten sie doch ganz offensichtlich recht plausibel klingende Erklärungen für viele bis dahin noch unbeantwortete Fragen über Geschichte und Wesen der Hexenkunst – so zum Beispiel auch, warum sich die Hexen zu bestimmten Zeiten des Jahres auf dem einen oder anderen der vielen europäischen Sabbat-Berge treffen mußten, dem Brocken, dem Hekla in Island, sowie Blakulla, Lyderhorn, Tromskirke und vielen anderen – je nachdem welcher Nation sie angehörten, hatten die Hexen ihre entsprechenden Treffpunkte.

Ebenso wurde klar, daß es die Hexenzirkel, deren Existenz von alten Hexenjägern zwar schon vermutet worden war, auch wirklich gegeben hatte – Dr. Murray behauptete nämlich, daß die Hexen in eben diesen kleinen Zirkeln von jeweils 13 Mitgliedern weiterhin den Kult der ›alten Religion‹ praktizierten. Hieraus ergab sich wiederum eine Erklärung für die auffallende Einheitlichkeit, die im Hexenwesen aller Länder herrscht – die Verehrung Cernunnos hatte sich nämlich in alten Zeiten über ganz Europa erstreckt.

Leider wurden diese faszinierenden Theorien, ebenso wie die Untersuchungen des Religionswissenschaftlers Emanuel Linderholm[2], von späteren Wissenschaftlern auf das heftigste umstritten. Diese Kritik mag sich zwar als wertvolles Korrektiv für die manchmal etwas zu leb-

[2] Linderholm (1918).

hafte Phantasie Dr. Margaret Murrays erwiesen haben, dennoch vermochte sie es nicht, Murrays oder Linderholms grundsätzliche Theorien, die sich im großen und ganzen decken, zu erschüttern. Es ist zweifelhaft, ob es je möglich sein wird, ein vollständiges und klares Bild über den Ursprung des Hexenkults zu erhalten, oder eine letztendliche Übereinstimmung über das Ausmaß seiner Organisation zu erzielen; der Beweis für eine Organisation auf nationaler oder gar europäischer Ebene kann mit ziemlicher Wahrscheinlichkeit nicht erbracht werden. Dies sollte jedoch nicht dazu verleiten, es den eifrigsten Gegnern Dr. Murrays gleichzutun und die Existenz der Hexenzirkel gänzlich in Zweifel zu ziehen – die Ergebnisse einer großen Anzahl sorgfältiger Forschungen beweisen nämlich unzweifelhaft, daß es die Zirkel wirklich gegeben hat. Das einzige, was jedoch ohne die Gefahr, Widerspruch zu ernten, über die Geschichte der Hexen gesagt werden kann, ist, daß sie sowohl heidnische als auch geheime christliche Traditionen[3] weiterführten, daß sie Wissen um die geheimnis-

---

[3] Wie lange diese Traditionen schon auf europäischem Boden existieren, stellte sich erst während der vergangenen Jahrzehnte heraus. Nach Gimbutas (1974) kann man sie bis ca. 7000 v. Chr. zurückverfolgen, als in einem Gebiet, das im Norden von der Donau, im Süden von Kreta, im Westen von Mittelitalien und im Osten von Kleinasien begrenzt wurde, eine Kultur entstand, in deren gedanklicher Vorstellungswelt das männliche und das weibliche Prinzip einander ebenbürtig waren. Die ›Große Göttin‹ und ihr männliches Gegenstück, der ›Dionysos des Steinzeitalters‹, wurden sowohl mit den Mondvierteln und dem Stierhorn als auch mit Yoni (das weibliche Zeugungsorgan, Anm. d. Übers.) und Phallus in Verbindung gebracht. Gemeinsam lenkten sie Geburt, Schicksal und Tod des Menschen. Diese Kultur verschwand mit dem Einfall der Indoeuropäer im vorgeschichtlichen Europa, und die ›Große Göttin‹ überlebte nur in den Figuren Hekates, Circes und Medeas.

vollen Kräfte der Natur ererbt hatten und daß sie – häufig zu Recht – angeklagt wurden, diese Kräfte zum Schaden ihrer Mitmenschen einzusetzen. Die Entwicklung ihrer Naturkenntnisse ist weitaus besser nachzuzeichnen als ihre Verbindung zu den verschiedenen religiösen Weltanschauungen. Sowohl Hexen als auch Mönche führten die alte Praxis der Kräuterheilkunde weiter, wohlgemerkt aber jeder aus seinem eigenen Gebiet. In den Klostergärten wurden hauptsächlich die Heilpflanzen angebaut, die schon seit Hippokrates und Galen in Gebrauch waren. Demgegenüber enthielt der Kräutergarten der Hexe zwar vielleicht ein paar dieser Pflanzen, ansonsten aber Kräuter, vor denen die Heilkundigen alter Zeiten in beinahe übereinstimmender Weise gewarnt hatten und die ganz früher nur von Zauberern und Giftmischern verwendet wurden. Es ist wohl kein Zufall, daß das alte lateinische Wort für Giftmischer im Femininum ›venefica‹ mit der Zeit in den romanischen Sprachen speziell die Bedeutung ›Hexe‹ erhielt.[4]

Unsere Vorfahren fürchteten Hexen sicherlich auf Grund ihres angeblichen Pakts mit dem Teufel und ihrer daraus resultierenden Arglist, gleichzeitig – vor allem auch deshalb, weil sie Giftmischungen und narkotisierende Mixturen an jeden verkauften, der sie kaufen wollte und das nötige Kleingeld dafür besaß. Dies konnte zum Beispiel ein junger Mann sein, der schneller an sein väterliches Erbe gelangen wollte, als es durch den natürlichen Gang der Dinge vorgesehen war, oder eine Frau in ›ungewollt glücklichen Umständen‹, oder ein Verführer, der ein sich sträubendes Opfer betören

---

[4] Cf. Viele neuere Bibelübersetzungen gebrauchen das Wort ›Zauberer‹ oder einen ähnlichen Ausdruck, wogegen die lat. Vulgata ›venefici‹ benutzt.

wollte. Diese Aspekte des Hexenwesens bzw. die Aktivitäten, mit denen die Hexe ihren Lebensunterhalt bestritt, sind nicht nur für sich genommen interessant, sondern auch gleichzeitig deshalb, weil sie recht auffällige Beispiele für die Ähnlichkeit zwischen den Vereinigungen der Hexen und anderen geheimen Orden und Sekten liefern. Der Templerorden zum Beispiel, der in umfangreiche Handels- und Finanzgeschäfte verwickelt war, wurde von seinen Feinden bezichtigt, Wuchergeschäfte zu treiben. Die Freimaurer waren während der ersten Jahrhunderte ihres Bestehens Baumeister und Architekten. Von den Rosenkreuzern heißt es, daß sie berufsmäßige Alchimisten und Astrologen waren. Selbst heutzutage trifft man auf kriminelle Gruppen, die Überfälle verüben, nur um finanziell über die Runden zu kommen, oder auf arabische Terroristen, die mit erfolgreichen Flugzeugentführungen Millionen verdienen, oder auf die den Hexen wohl recht nahestehenden Mitglieder der Manson-Familie, die, während sie auf die Rückkehr ihres teuflischen Propheten warteten, vom Geldbeutel ihrer Gönner zehrten. Überall und zu allen Zeiten hat es Gruppen außerhalb der etablierten Gesellschaft gegeben, die sich, jede in dem ihr gemäßen wirtschaftlichen Betätigungsfeld, auf zwielichtige oder kriminelle Geschäfte oder eine Mischung aus beiden spezialisiert hatten. Die Betätigung der Hexen als Giftmischerinnen und Quacksalberinnen, die unzweifelhaft bestanden hat, kann als indirekter Beweis dafür genommen werden, daß es irgendeine Form von Hexenorganisation wirklich gegeben haben muß und nicht nur ein Phantasiegebilde der übersteigerten Einbildungskraft der Menschen im Mittelalter war.

Sicherlich wäre es auch interessant gewesen, in dem

vorliegenden Buch die verschiedenen Aspekte der Kräuterkenntnisse und der medizinischen Zauberkunst der Hexen zu untersuchen. Leider mußte ich aus Platzgründen das Thema auf das beschränken, was aus dem Inhaltsverzeichnis ersichtlich wird; doch selbst innerhalb dieser Beschränkung hätte ich die Arbeit wohl kaum in Angriff genommen, wenn mir nicht andere dabei geholfen hätten. Ich möchte ihnen deshalb an dieser Stelle aufrichtig danken.

Für die Bereitstellung von Informations- und Dokumentationsmaterial gilt mein besonderer Dank den Mitgliedern der New York Botanical Garden Library, der Universitätsbibliothek in Kopenhagen, der Botanischen Zentralbibliothek und der Königlichen Bibliothek in Dänemark, sowie Professor Dr. Helmut Möller in Göttingen und Hal Goldmann und Peter Meloney aus Lindos in Griechenland. Für die große Hilfe und Ermutigung während der Fertigstellung des Manuskripts bedanke ich mich bei Nanna und Volmer Christensen, Sven Langkjær, Elisabet Nordbrandt, Henrik Nordbrandt, Preben Major Sörensen und – last not least – bei meiner Frau Jeanne und unsrer Tochter Gladys Ingrid.

H. A. Hansen

Der Hexengarten

Wer von uns erinnert sich nicht an die Mischung aus Staunen und Entsetzen, die er als Kind empfand, als er zum ersten Mal in seinem Leben ein Märchen der Gebrüder Grimm oder von H. C. Andersen hörte, das von einer Hexe erzählte, die in einer abgelegenen, finsteren Hütte lebte, inmitten eines verwilderten Gartens, wo Gift- und Zauberpflanzen mit alten, knorrigen Bäumen um die Wette wucherten. Die Hexe und ihre Behausung existierten jedoch außer im Reich der Phantasie nie in dieser Form – in Wirklichkeit lebte sie nämlich Seite an Seite mit den Bauern im Dorf. Sie wagte aber nicht, wie die alten Mönche und Kräuterheilkundigen einen Garten anzulegen, in dem sie ihre Kräuter planmäßig hätte anbauen können, vielmehr sammelte sie die Pflanzen, die sie verwenden wollte, entweder an den Stellen, wo sie wild wuchsen, oder sie baute sie heimlich an verborgenen Plätzen[1] an. Diese zerstreut liegenden Anbaugebiete der Hexe erinnern an die Aufteilung alter Gehöfte, die sich häufig auf die gleiche Weise aus weit auseinanderliegenden Feldern, Wiesen und Torfstechgebieten zusammensetzten. So betrachtet, kann man wohl beruhigt von einem »Hexengarten« sprechen, obwohl er eigentlich auf ein Dutzend oder mehr Stellen in der näheren Umgebung verstreut war.

Ich will nun in den folgenden Kapiteln eine kleine Anzahl von Pflanzen behandeln, von denen mit Sicherheit festgestellt worden ist, daß sie in weiten Teilen der alten Welt während Tausenden von Jahren von Hexen und Giftmischern eingesetzt worden sind; vor allem wurden sie auch in den Flugsalben verwendet, mit denen sich die Hexen einrieben, bevor sie sich auf die Reise zum Sabbat begaben. Darüber hinaus werde ich noch eine Anzahl von Pflanzen besprechen, die zwar im Anbaugebiet der Hexe wuchsen, jedoch an so abgelegenen Stellen, daß sie sich nur ab und zu auf die Suche nach ihnen machte.

[1] Die Hexe sammelte ihre Kräuter nicht nur deshalb im Schutze der Dunkelheit, weil sie nicht gesehen werden wollte, sondern auch, weil sie wie ihre Zeitgenossen glaubte, daß es für jede Heil- und Zauberpflanze einen für die Ernte günstigsten Zeitpunkt gab, an dem die Wirkung der Pfanze am stärksten war und sie durch Ausgraben oder Abschneiden am wenigsten von dieser Stärke verlor. Alle, bzw. fast alle der Hexenkräuter mußten nachts gesammelt werden, einige davon bei abnehmendem Mond, oder bei Mondfinsternis, andere wiederum bei zunehmendem Mond, die sagenumwobene Mondraute, Botrychium lunaria, gar bei Vollmond. Da der Einfluß des Mondes auf eine Anzahl biologischer Vorgänge in neuerer Zeit bewiesen worden ist, besteht aller Grund zu glauben, daß die Hexe genau wußte, was sie tat. »Wir Menschen sind des Mondes Nahrung«, sagte einmal ein chinesischer Weiser, und vielleicht trifft auf die Pflanzen dasselbe zu.

Alraune

So viel wurde und wird immer noch über die Pflanze geschrieben, daß selbst die Eifrigsten unter uns gar nicht erst die Hoffnung zu hegen brauchen, alles lesen zu können. Dies ist aber auch nicht nötig, da das Gebäude an Überlieferungen, das um die Alraune errichtet wurde, seit ungefähr 1700 keine wesentlich neuen Züge mehr angenommen hat. Jede Bearbeitung des Materials in der Neuzeit kann deshalb nur ein, wie zu hoffen bleibt, kritischer Überblick sein; dies scheint aber niemanden zu stören, da heutzutage mehr denn je über die Alraune geschrieben wird.

So wie die Leute Interesse an der Alraune finden, so interessieren sie sich auch für das große Meeresungeheuer, Atlantis, El Dorado und die Prophezeiungen des Nostradamus – alte Geschichten, die einem so vertraut sind, daß man sie sich immer wieder im Schlaf erzählt, und die man trotzdem nicht vergessen möchte.

Gemeinsam ist diesen Immergrüngewächsen der Populargeschichte: sie bilden die Verschmelzungen sehr alter Mythen und beinhalten Gesichtspunkte einer vergangenen Wirklichkeit, die vielleicht irgendwann einmal wiederkehren wird, so zum Beispiel den Kampf des Menschen gegen wilde Ungeheuer, seine Flucht vor Naturkatastrophen usw., oder aber sie betonen die fundamentalen Aspekte menschlichen Glaubens und Hoffens: das Streben nach Glück und Erfolg und die Fähigkeit, die Zukunft vorauszusagen. Was wir in unserem Mythenschatz horten, ist keinesfalls vom Zufall bestimmt, und der Grund, weshalb auch eine so vergleichsweise harmlose medizinische Pflanze wie die Alraune darin zu finden ist, liegt darin, daß man sie im Laufe der Zeit in Volkserzählungen mit so viel Mysterium umgab, daß sie mehr und mehr nicht nur für die mächtigste, sondern auch für die gefährlichste aller Zauberpflanzen gehalten wurde. Und so kam es, daß sie innerhalb der wundersamen Welt der Pflanzen das Geheimnisvolle und Lockende schlechthin verkörperte.

Die verschiedenen Mandragora-Arten, die alle die Alkaloide Skopolamin und Hyoscyamin enthalten, waren ursprünglich in den Ländern des östlichen Mittelmeerraumes beheimatet; dort sind sie auch heute noch sehr häufig anzutreffen, vor allem auf brachliegenden Feldern und Schuttplätzen.[1] Sogar die alten Perser und Ägypter kannten schon die Heilkräfte der gelben oder rotgoldenen Beeren und vor allem der Wurzel, und es ist sicher, daß beide Teile der Pflanze als Aphrodisiaka verwendet wurden. Stücke der Mandragora-Wurzel, die höchstwahrscheinlich als Liebes-Glücksbringer getragen wurden, wurden zusammen mit anderen Grabbeigaben in den königlichen Grabkammern in den Pyramiden gefunden, und die Alraune wird, (zusammen mit ungefähr 700 anderen medizinischen Pflanzen) im be-

[1] Als Richtschnur für begeisterte Anhänger unter uns, soll noch erwähnt werden, daß eine Art der Alraune, Mandragora autumnalis, im Winter in herrlichen malvenfarbigen und weiß-malvenfarbigen Blüten auf Rhodos blüht. Die Früchte, rotgoldene Liebesäpfel, werden im Mai reif und sollten sofort nach dem Pflücken verzehrt werden, da ihr Geruch, der im Lied Salomons erwähnt wird, sehr schnell in einen unangenehmen Gestank übergeht.

rühmten Papyrus Ebers aus der Zeit von 1700 – 1600 v. Chr. besprochen.[2]

In der Bibel werden die Früchte der Mandragora zweimal erwähnt[3]; einmal in der Genesis XXX, 14–16, als Rahel Ruben, dem Sohn Leas, die Mandragorafrüchte wegnimmt, um damit ihre Unfruchtbarkeit zu heilen, und ein andermal im Lied Salomon VII, 11–13, als die liebliche, junge Sulamit, die häufiger als irgendein anderes weibliches Wesen von der Dichtkunst besungen wurde, ihren Geliebten einlädt, mit ihr hinaus in die Natur zu gehen. Dort, wo die Alraunen ihren Duft verströmen, schenkt sie ihm dann ihre Liebe; es liegt dabei eindeutig in ihrer Absicht, daß die Alraunen ihr einen besonders feurigen Liebhaber bescheren sollen.

[2] Frits Heide (1921), Die Mandragora im alten Ägypten, Tidsskrift for Historisk Botanik, Bd. 1, S. 21, bestreitet diese Identifikation jedoch.
[3] Heutzutage sind sich die Botaniker darüber einig, daß Liebesäpfel die Früchte von M. vernalis sind, wogegen in früheren Zeiten, als Meinungsverschiedenheiten über das kleinste Pünktchen in der Bibel noch Leidenschaften zu entfachen vermochten, unter den Gelehrten eine lange und bittere Fehde darüber entbrannte, was mit dem hebräischen Wort ›dudaim‹ gemeint war – die Osterlilie, das Veilchen, die Brombeere, ja selbst die Banane wurden vorgeschlagen.
Als Kuriosum mag in diesem Zusammenhang erwähnt werden, daß ein englischer Autor, Hugh J. Schonfield, in seinem Buch ›The Passover Plot‹ behauptet, daß in der Tatsache, daß Jesus am Kreuz ein in Essig getränkter Schwamm gereicht wurde, ein dritter, wenn auch sehr verborgener Hinweis auf die Mandragora in den Evangelien zu sehen sei. Schonfield ist der Ansicht, daß der Essig Mandragorasaft enthielt, der in Christus einen todesähnlichen Zustand hervorgerufen hatte. Auf diese Weise wollte man ihn so schnell wie möglich vom Kreuz abnehmen, um ihn mit Hilfe der Ärzte wieder zum Leben erwecken zu können. Der Plan schlug allerdings fehl, als einer der Söldner – unerwartet und völlig regelwidrig – Christus die Lanze in die Seite stieß.

In der Antike macht der griechische Arzt Theophrast (ca. 370–328 v. Chr.) deutlich klar, daß die Alraune keine gewöhnliche Pflanze ist. Bevor er darauf eingeht, daß die Wurzel unter anderem sowohl als Schlafmittel als auch als Aphrodisiakum benutzt wird, erläutert er, ohne jedoch selbst daran zu glauben, die Vorkehrungen, die von den Wurzelschneidern beim Sammeln der Pflanzen getroffen werden müssen.[4] Zuerst müsse man mit einem Messer drei Kreise um die Pflanze herum in die Erde ziehen. Sodann könne man, das Gesicht westwärts gewendet, zuerst den oberen Teil der Wurzel abschneiden, daraufhin weitere Teile der Wurzel freilegen; bevor jedoch das letzte Stück freigeschnitten werden dürfe, müsse man um die Pflanze herumtanzen und dabei so viel, wie das Gedächtnis nur hergibt, aus den Mysterien der Liebe rezitieren. Ein dänischer Wissenschaftler kommentierte diese Textpassage mit der Bemerkung, daß die Absicht hierbei vor allem sei, so viele Unanständigkeiten wie nur möglich herzusagen[5] – was auch recht plausibel klingt, da ja hinreichend bekannt ist, daß Dämonen es mit der Angst zu tun bekommen und verschwinden, sobald man sich ihnen gegenüber nur unflätig genug verhält.

Selbst Pythagoras (geb. ca. 582 v. Chr.) soll angeblich von der Alraune gesagt haben, daß sie antrophomorph sei, das heißt, einem menschlichen Wesen gleiche[6], und mit ein wenig Phantasie kann man auch wirklich ein kleines menschliches Wesen oder eine Puppe in ihr sehen. Bei Beschreibungen in den ältesten griechischen Medizinbüchern interessieren sich die Autoren noch

[4] Theophrast, II, S. 259–261.
[5] Heiberg (1917), S. 11.
[6] Dioscorides, IV, S. 189–191.

fast ausschließlich für die Verwendungsmöglichkeit der Alraune in der Heilkunde. Erst in der Zeit des griechischen Imperiums wurden auch Einzelheiten über ihre gefährlichen Wirkungen und magischen Kräfte hinzugefügt. So wird uns durch Flavius Josephus, dem jüdischen General, Diplomaten und Geschichtsschreiber, der ca. 95 n. Chr. in Rom sein Leben aushauchte, berichtet, daß in einem Tal in der Nähe des Toten Meeres eine wundersame Pflanze wächst, die nachts ein leuchtendes, rotes Licht ausstrahlt.[7] Es sei schwierig, sich ihr zu nähern, da sie sich sofort zurückzöge, sobald sie bemerke, daß jemand versuche, an sie heranzugelangen. Wenn es einem jedoch gelänge, sie mit Urin oder Menstruationsblut zu übergießen, bleibe sie stehen. Direkte Berührung der Pflanze bringe zwar Lebensgefahr, dennoch bestehe die Möglichkeit, sie aus der Erde herauszulösen. Dazu müsse man vorsichtig um sie herumgraben, bis nur noch das äußerste Ende der Wurzel in der Erde stecke; daraufhin solle man einen Hund an der Wurzel festbinden und sich entfernen. Wenn nun der Hund versuche, seinem Herrn zu folgen, reiße er die Wurzel aus dem Erdreich, erliege jedoch unmittelbar darauf dem Tod, stellvertretend als Opfer für seinen Herrn, der nun gefahrlos von der kostbaren Pflanze Besitz ergreifen könne. Das Verfahren sei zwar kompliziert, aber immerhin Mühe und Kosten eines Hundes wert, da die Pflanze die Fähigkeit besäße, Dämonen auszutreiben; die träten nämlich panikartig die Flucht an, sobald die Wurzel auch nur in die Nähe der besessenen Menschen gebracht würde.

Nicht ganz unbegründet ist auch die Behauptung Josephus', daß die Pflanze in der Dunkelheit leuchte. Un-

---

[7] Josephus, Flavius, VII, 6, 3.

ter bestimmten Wetterbedingungen kann es vorkommen, daß sich kleine chemische Teilchen aus dem Nachttau und der Oberfläche der Beeren miteinander verbinden und einen schwachen Lichtschimmer erzeugen. Ein ähnliches Phänomen kann man in warmen, nördlichen Sommernächten bei Blaubeeren beobachten.

Einige Generationen später fügte Aelian neue Einzelheiten in das bisherige Bild ein[8]: Die Mandragora ist tagsüber unsichtbar, weil sie sich zwischen anderen Pflanzen versteckt. Nachts scheint sie jedoch wie ein Stern in der Dunkelheit, und man kann deshalb die Stelle, an der sie wächst, kennzeichnen und somit am nächsten Tag mit Sicherheit sagen, welche Pflanze die Alraune ist, selbst wenn sie haargenau wie ihr unschuldiger Nachbar aussieht. Sodann bindet man einen hungrigen Hund an der Wurzel fest und entfernt sich, nachdem man noch ein wohlriechendes Stück gebratenes Fleisch knapp außer dessen Reichweite plaziert hat. Das hungrige Tier wird daraufhin hastig versuchen, an das Fleisch zu gelangen, muß jedoch in dem Augenblick sterben, in dem es die Alraune aus der Erde reißt. Seine Leiche sollte am ehemaligen Standort der Pflanze begraben werden und eine Beerdigungszeremonie zu Ehren des Tieres stattfinden, das ja sein Leben dafür geopfert hatte, daß sein Herr in den Besitz der Alraune gelangen konnte. An anderer Stelle steht geschrieben, daß der Hund nicht unbedingt sterben müsse; nur wenn er den ersten der vorher erwähnten Kreise um die Pflanze betrat, war sein Schicksal besiegelt. Nicht allzu lange sollte jedoch den Hunden diese Gnadenfrist beschieden sein, da es nämlich bald hieß, daß die Alraune jedesmal, wenn sie ausgerissen wurde, einen solch markerschütternden

[8] Aelian, XIV, 27, Bd. 3, S. 189–191.

Schrei von sich gab, daß jeder, der ihn hörte, vor lauter Entsetzen sterben mußte. Von da an wurden nur noch *schwarze* Hunde dazu verwendet, sie aus der Erde zu ziehen. Diese standen ja schon von Anfang an unter einem schlechten Stern, da ihnen der Schöpfer wohl kaum eine so unheilverkündende Farbe gegeben hätte, wenn sie nicht bösartige Tiere gewesen wären, die sehr wohl verdienten zu sterben.

Mit der Zeit geriet die Alraune selbst mehr und mehr in den Ruf, ein bösartiges Lebewesen zu sein, da ihre Gestalt der menschlichen sehr ähnlich war. Wie es im einzelnen zu dieser Auffassung kam, ist nicht bekannt. Ein Beitrag dazu mag wohl die Legende von Jasons ›Drachenmenschen‹ gewesen sein; die wichtigste Quelle bildet jedoch eine Geschichte aus frühchristlicher Zeit. Aus dieser geht hervor, daß die Alraune ursprünglich eine Vorstudie für den späteren Menschen gewesen sei, die jedoch von Gott wieder verworfen wurde, nachdem er Adam aus dem roten Erdreich des Paradieses geschaffen hatte[9]. Und der Grund, weshalb die Pflanze so selten zu finden sei, liege darin, daß sie es immer noch bevorzuge, in der Nähe des Gartens Eden zu wachsen, der weit weg, auf der Spitze eines mächtigen Berges irgendwo in unbekannten Landen des Ostens liegt.[10]

---

[9] Diese Überlieferung befruchtete die Dichtkunst mit neuen Bildern und Metaphern, vgl. dazu John Donnes »The Progresse of the Soule« aus dem Beginn des 17. Jahrhunderts.

[10] In alten Tierbilderbüchern des Mittelalters ist zu lesen, daß Elefanten, wenn die Brunstzeit naht, in Richtung des Gartens von Eden wandern. Das männliche Tier ist nämlich von Natur aus so tugendhaft, daß es erst dann der Verführung, sich mit dem Weibchen zu vereinigen, erliegen kann, nachdem es vom Weibchen dazu verlockt wurde, von den Früchten der Mandragora zu essen, die im und in der Nähe des Paradieses wachsen.

Diese interessante Erzählung konnte die Menschen nördlich der Alpen jedoch nicht davon abhalten, die Mandragorapflanze in ihren Gärten anzupflanzen. Neue Überlieferungen verbanden sich mit ihr, vor allem in deutschen Gebieten, einige der alten wurden als Aberglauben abgetan und gerieten in Vergessenheit; vielleicht wurden sie zuvor aber noch niedergeschrieben und blieben auf diese Weise bis in unsere Zeit erhalten. Eine grundlegende Neuerung im Volksglauben stellte die Auffassung dar, daß die Alraune, die inzwischen auch unter dem Namen ›Galgenmännchen‹ und ›Drachenpuppe‹[11] bekannt war, nur am Fuße eines Galgens wachsen könne und dort wiederum nur an der Stelle

---

[11] Mit der Zeit erhielt die Mandragora viele verschiedene Namen: Neben ›Galgenmännchen‹ und ›Drachenpuppe‹ wurde sie im Dänischen auch Dollwurz, Armesünderblume, Henkerswurzel und Folterknechtwurzel genannt. Die Bezeichnung Drachen-Puppe ist möglicherweise durch eine Fehlinterpretation der zweiten Silbe von Man*dragora* entstanden, wie es im dänischen Verb ›drage‹ vorkommt, was soviel wie ›ziehen‹ oder ›anziehen‹ bedeutet, oder aber es ist eine Ableitung vom deutschen Wort ›Drache‹ (›drage‹ im Dänischen), das sowohl zur Bezeichnung des Fabelwesens als auch eines dämonischen Wesens dient, das demjenigen, der mit Zauberkräften Macht über es gewinnt, große Reichtümer bringt. Im Dänischen taucht ›Dukkeurt‹ (wörtlich übersetzt ›Dollwurz‹) zum erstenmal in Hans Tavsens Übersetzung der Genesis auf. Die Bezeichnungen ›Armesünderblume‹, ›Henkerswurzel‹ und ›Folterknechtwurzel‹ sind deshalb von Interesse, weil sie nahelegen, daß der Folterknecht und sein Opfer mehr mit der Mandragora zu tun hatten, als gemeinhin angenommen wurde. Es ist anzunehmen, daß das schläfrigmachende Getränk, das der Folterknecht dem Verurteilten manchmal vor der Folter oder der Hinrichtung gab, den Saft der Mandragorabeeren, gemischt mit Wein oder Essig, enthielt. Das angeblich regelmäßige Vorkommen der Pflanze unter Galgen wird somit recht glaubwürdig und ein bisher als vollkommen abergläubisch eingeschätzter Teil der Alraunen-Legende erhält plötzlich eine ganz natürliche Erklärung.

hervorsprieße, an der die Erde vom Urin oder vom Sperma eines Gehängten benetzt wurde. Gleichzeitig wurde jedoch betont, daß nicht etwa das Getröpfel eines jeden hergelaufenen Galgenvogels die Kraft besäße, eine Alraune zu produzieren. Vielmehr mußte der Gehängte ein Mensch gewesen sein, den die Dänen als (wörtlich übersetzt) »reinen Jüngling« bezeichneten, was im Deutschen ungefähr mit Erzgauner wiederzugeben wäre; dieser Erzgauner hatte seine Diebesnatur schon im Mutterleib erworben und nie etwas anderes als Stehlen gekannt.[12] Wie alles, was mit Verbrechen, Folter und Tod zu tun hat, rankt sich auch um eine Hinrichtungsstätte Rätsel und Entsetzen. Und so war es auch nicht unbedingt jedermanns Geschmack, sich zum Galgenhügel hinauszuwagen, um die Alraune aus demselben Erdreich auszugraben, das auch die faulenden Überreste von Schurken beherbergte, die entweder gehängt, geköpft oder auf dem Streckbrett zu Tode gefoltert worden waren. Den meisten Leuten, die in den Besitz einer Alraune gelangen wollten, wäre es wohl deshalb lieber gewesen, sie käuflich zu erwerben. Eine neue Mandragora kostete eine Menge Geld, was aber in Anbetracht ihrer Herkunft und der ihr zugeschriebenen Eigenschaften nicht weiter verwunderlich ist. Sie machte ihren Besitzer unverwundbar im Kampf und si-

[12] Wenn eine Frau während ihrer Schwangerschaft stahl, dann wurde das Kind dabei geschädigt, das heißt, es entwickelte sich, wenn es ein Junge war, zu einem Gauner in *Rein*form, ein Mädchen zu einer Hure; diese ›armen Sünder‹, die von vornherein für den Galgen bestimmt waren, führten auch dazu, daß es Alraunen beiderlei Geschlechts gibt. Gemäß einer anderen Volkssage sollte das Wort ›rein‹ wörtlich aufgefaßt werden – die Mandragora entsteht dann in diesem Falle aus dem unabsichtlich vergossenen Samen eines keuschen (reinen) Jungen, der unschuldig gehängt worden war.

cherte ihm absolute Treffsicherheit beim Gebrauch der Waffen. Sie befreite ihn von allen Leiden und erwies sich vor allem gegenüber jenen als besonders wirkungsvoll, die er auf dem Schlachtfeld der Liebe erobert hatte. Sie half ihm, verborgene Schätze zu entdecken, so daß er schnell reich wurde, bei seinen Mitmenschen hohes Ansehen genoß und erfolgreich in der Liebe war, da ja keine Frau der zwingenden Macht der Alraune widerstehen konnte.

Ein Glücksbringer, der all dies und noch mehr bewirken konnte, mußte natürlich mit der größtmöglichen Sorgfalt behandelt werden, andernfalls würde er wirkungslos oder sogar gefährlich. Der alte Haß gegen die Menschheit, aus der Gnade Gottes verdrängt worden zu sein, war ja immer noch in der Alraune wach. (Dieser Aberglaube schien auch völlig unbeeinflußt von der Tatsache weiterzuleben, daß die Mandragora der Galgenvögel wohl kaum viele Gemeinsamkeiten mit der des Gartens von Eden aufzuweisen hatte.)

Eine neuerworbene Mandragora sollte man zuerst in Wein baden und dann, in rote und weiße Seide gewikkelt, mit einem schwarzen Samtumhang bedecken. Von nun an sollte sie an jedem Wochentag gebadet und gefüttert werden, wobei allerdings erhebliche Meinungsverschiedenheiten darüber bestanden, was die Mandragora zu essen bekommen sollte. Die Mehrheit neigte zu der Ansicht, daß es genüge, wenn sie die Hostie bekäme, die man selbst, beim Gang zum Altar, absichtlich nicht hinuntergeschluckt hatte. Andere wiederum meinten, daß ›eine Portion Fastenspeichel‹ genau das sei, was die Mandragora am liebsten mochte; das gebildete Volk wiederum beharrte auf der Ansicht, daß sie vor allem mit der roten Paradieserde gefüttert werden müsse, der ja sie selbst, ebenso wie wir und die gesamte Vielfalt der Schöpfung entstamme. Diese Auffassung ist jedoch wohl schwerlich in Einklang damit zu bringen, daß die Alchimisten des Mittelalters gerade deshalb so versessen auf die Alraune waren, weil angeblich nur sie diese einzigartige Erde enthielt, die sie bei der Herstellung des ›Steines des Weisen‹ dringend als Katalysator benötigten.

Manchmal kam es vor, daß eine Drachenpuppe ihres Besitzers überdrüssig wurde, ganz gleich wie gut er sie behandelt hatte. In einem solchen Fall hörte sie einfach auf zu funktionieren, und dann war es besser, sie auf der Stelle zu verkaufen, weil sie sonst bösartig wurde und Unglück hervorrief. Darüber hinaus mußte wohl auch jedem, der sich eine Mandragora hielt, mit der Zeit unbehaglich zumute werden, da es ja eine gefährliche Sache ist, sich mehr Glück angeeignet zu haben, als einem eigentlich zusteht. Es bedeutet eine Sünde, weil es anderen notgedrungen Leid zufügen muß, da nur eine ganz bestimmte konstante Summe an Glück und Zufriedenheit in der Welt existiert: wenn sich also einer zuviel davon nimmt, wird ein anderer zuwenig davon haben. Eine Alraune wieder loszuwerden, konnte zu einem schwierigen Unterfangen ausarten, vor allem, wenn sie alt war und schon vielen Herren gedient hatte. Ihr ging es dabei wie Cyprianus – sie konnte nicht einfach weggegeben werden, sondern nur weit unter dem ursprünglichen Einkaufspreis wiederverkauft werden. Wenn ihr Preis dann bis zum Wert des geringsten Geldstückes, das im Reich existierte, gefallen war und kein neuer Käufer mehr für sie zu finden war, dann mußte sie, wenn ihr Besitzer verstarb, mit ihm ins Grab steigen. Am Tage des Jüngsten Gerichts würde sie dann Seite an

Seite mit ihrem Besitzer vor Gott stehen und ihren Anteil am ewigen Leben fordern.

Auf dem Höhepunkt des Alraunen-Glaubens im 16. und zu Beginn des 17. Jahrhunderts wurden allmählich mehr und mehr Zweifel daran laut. John Gerard (1547–1607), dessen Kräuterbuch 1597 erschien, reibt seinen Lesern mit deutlicher Mißbilligung verschiedene abergläubische Ansichten über die Alraune unter die Nase und schließt mit der folgenden Ermahnung: »Dergleichen Träume und Altweibergeschichten sollt ihr fortan aus euren Büchern und eurer Erinnerung verbannen; denn so erfahret hiermit, daß deren alle und jeder einzelne Teil von ihnen falsch und höchst lügenhaft ist: denn ich selbst habe zusammen mit meinen Bediensteten viele ausgegraben, gepflanzt und verpflanzt und konnte dennoch niemals der Gestalt eines Mannes oder eines Weibes darin ansichtig werden, sondern sah eine Wurzel, die manchmal aus einem einzigen geraden Stück bestand, manchmal aus zweien und des öfteren sechs oder sieben Nebenwurzeln von der Hauptwurzel abzweigend, eben so wie es die Laune der Natur auch anderen Pflanzen zu bescheren pflegt. Indessen haben faule Müßiggänger, die nichts oder wenig anders tun, als Speis und Trank zu frönen, ein gut Teil ihrer Zeit dem Schnitzen der Zaunrübe gewidmet, der sie die Gestalt von Mann und Weib gaben: dieselbig trügerische Handlung begründet nun den falschen Glauben in dem einfach' und ungebildet' Volke, das jene dann beim Wort genommen und die Wurzel für ein echt' Alraun gehalten.«[13]

Gerard war nicht der erste, der Einspruch erhob. Er bezieht sich auf Dr. William Turner, der schon 1551 im

[13] Übersetzt aus dem Englischen nach Woodward (1927), S. 85–86.

ersten Teil seines Kräuterbuches etwas Ähnliches gesagt hatte, außerdem war die menschliche Gestalt der Alraune schon 1526 in »The grete herball« in Abrede gestellt worden.[14] Aber drei englische Schwalben machen anscheinend immer noch keinen dänischen Sommer, und so war der Alraunen-Glaube in Dänemark[15] bis ins 18. Jahrhundert hinein fest verankert, als der Zyniker Holberg in seinem »Hexerie eller blinde Alarm?« Apelone erklären läßt, daß »wenn ein Hexenmeister einen Sohn zeugt, dann wird dieser die Gestalt einer Drachenpuppe annehmen, die später für die Mutter Geld herbeischaffen wird«. Aber erst mit der Einführung der allgemeinen Schulpflicht begann der Glaube an die Alraunen-Sage allmählich auszusterben. Da und dort hält er sich noch bis zum heutigen Tage. Erst vor einigen Jahren übertrug das dänische Fernsehen ein Interview mit einem alten Mann aus Süd-Jütland, der todernst behauptete, daß einer seiner Nachbarn böse Zaubereien praktiziere und sogar so weit ginge, seine Alraune auf Leute anzusetzen, die er nicht leiden könne.

Es ist nicht sicher, ob die Mandragora je von dänischen Hexen angebaut wurde, jedoch wurden in Mittel- und Südeuropa sowohl ihre Früchte als auch ihre Wur-

[14] Vgl. Arber (1938), S. 123.
[15] Weder die Mandragora noch die Drachen-Puppe finden in irgendeinem mittelalterlichen dänischen Text Erwähnung. Es ist jedoch stark anzunehmen, daß die verschiedenen Formen des Mandragora-Aberglaubens Dänemark schon wesentlich früher erreichten als schriftliche Quellen vermuten lassen würden. Eine weitaus weniger bedeutungsvolle magische Ingredienz, ›Staphylea pinnata‹ (dän. blærenød), fand ihren Weg in den Norden schon in der römischen Eisenzeit; vgl. dazu M. B. Mackeprangs »Om et træskrin med Amuletter og undergørende Planter« (Ein hölzernes Kästchen mit Amuletts und Zauberpflanzen) im Fra Nationalmusæets Arbejdsmark, 1936.

zeln in Aphrodisiaka und Flugsalben verwendet. Es bestehen auch Zweifel, ob die Hexen des Südens immer wußten, daß die »Drachen-Puppe der Galgenhügel« identisch war mit dieser wunderschönen kleinen Pflanze, die sie da gerade in Gebrauch hatten.

In Dänemark gedeiht die Pflanze nur, wenn man ihr beim Anbau sehr viel Sorgfalt zukommen läßt. Die Samen sät man kurz nach der Beerenreife in leichten Sandboden. Ungefähr im August verpflanzt man dann die Pflanzen vorsichtig an einen geschützten, sonnigen und trockenen Ort, der im Herbst leicht mit Tannenzweigen abgedeckt wird.

Was die Drachenpuppe anbelangt, so überlebt diese nur in der Comic-strip-Figur ›Mandrake‹, einer Schöpfung des amerikanischen Journalisten Lee Falk. Falks ›Mandrake‹ ist ein mächtiger Zauberer, der seit 1934, dem Beginn der Serie, mit Narda, einer hübschen, aber naiven Blondine verlobt ist. Ihre Beziehung hat bis jetzt noch keine Früchte getragen.

Hyoscyamus niger

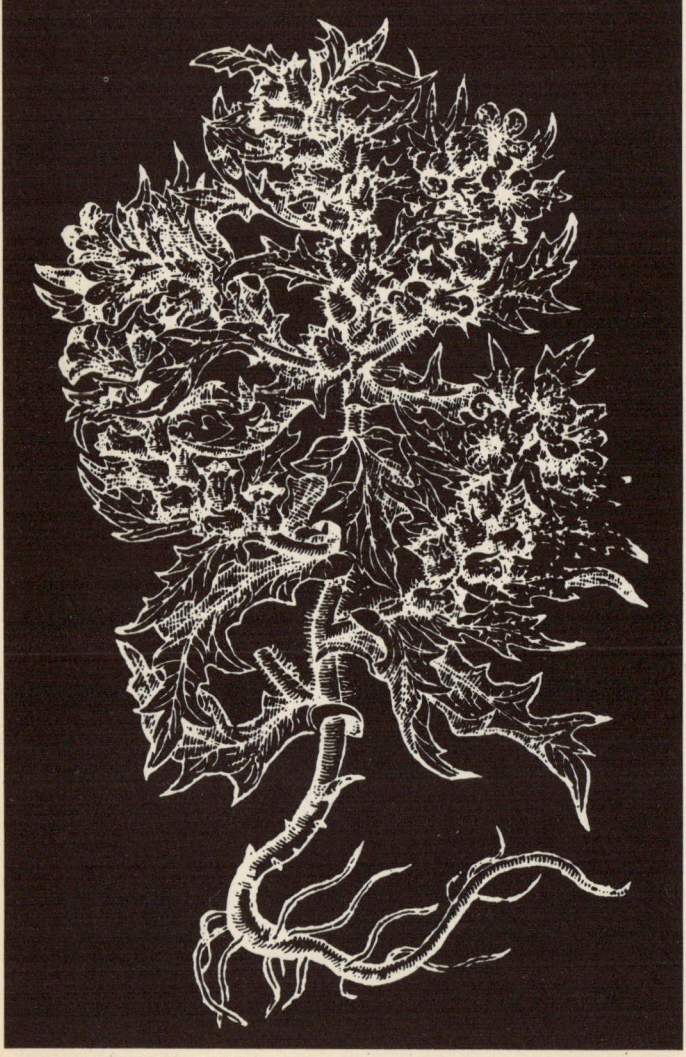

Bilsenkraut

achdem die Spanier im 16. Jahrhundert die Kartoffeln und die Tomate nach Europa gebracht hatten, dauerte es noch mehrere Generationen, bis die Leute sich dazu überwinden konnten, sie als die guten und nahrhaften Nahrungsmittel anzuerkennen, die sie in Wirklichkeit sind. Der Grund dafür war, daß diese beiden Vertreter der Nachtschattengewächse zu sehr ihren berüchtigten europäischen Verwandten, Mandragora, Tollkirsche, Stechapfel und nicht zuletzt dem Bilsenkraut, glichen. Die Leute waren davon überzeugt, daß die Tomate und Kartoffel ebenso giftig seien, was ja auch stimmt, wobei jedoch das Gift, das Alkaloid Solanin, in den Teilen der Pflanzen enthalten ist, die man nicht mitißt. Wenn man eine Kartoffel- und eine Bilsenkrautpflanze nebeneinander wachsen läßt, kann man ganz direkt sehen, wie sehr sie sich gleichen, gleichzeitig aber auch, worin sie sich unterscheiden. Der Vergleich wird sicher nicht sehr schmeichelhaft für das Bilsenkraut sein, mit seinen graugrünen, dicht beieinanderstehenden, klebrig behaarten Blättern und seinen eigenartig gelben, beinahe leichenfarbigen, violettgeäderten Blüten, die einen sehr stark an den ›bösen Blick‹ erinnern. Zusammen mit seinem unangenehmen Geruch ist

es eine Art Mr. Hyde zum Dr. Jekyll der Kartoffel.[1] Allem Anschein nach besitzt das Bilsenkraut keine verborgenen Tugenden wie die Kartoffel mit ihren unterirdisch wachsenden Wurzelknollen – trotzdem ist sie eine nützliche, obgleich gefährliche Pflanze, da alle ihre Teile das Alkaloid Hyoscyamin und ihre Samen dazuhin noch Skopolamin enthalten. Beide Gifte können für gute als auch für üble Zwecke eingesetzt werden.

Selbst die alten Ägypter kannten schon das Bilsenkraut, und so wird es auch neben einer Anzahl anderer Kräuter, auf die ich in diesem Buch noch eingehen werde, im Papyrus Ebers erwähnt. Fast alle alten Kräuterheilkundigen beschreiben es als nützliche aber auch gefährliche Pflanze, und ein kleiner Teil des Mysteriums, mit dem die Mandragora umgeben wurde, färbte auch auf das Bilsenkraut ab. Aelian, der allerdings nicht immer eine zuverlässige Quelle darstellt, behauptet, daß beim Ausgraben von Bilsenkraut beinahe genau dieselben Vorkehrungen wie bei der Alraune getroffen werden mußten, nur mit dem Unterschied, daß anstatt eines Hundes ein Vogel an der Pflanze festgebunden wurde.[2]

Der Linnésche Gattungsbegriff ist nur eine leichte Abwandlung des griechischen ›hyoskyamos‹, was soviel wie Saubohne bedeutet. Laut Otho Brunfels (1488–1534), einem berühmten deutschen Arzt und Kräuterheilkundigen[3], ist der Name auf die Tatsache zurückzuführen, daß Schweine Krämpfe bekommen, wenn sie Bilsenkraut fressen. Demgegenüber herrscht

---

[1] »Der seltame Fall des Doctor Jekyll und des Herrn Hyde« – Roman von R. L. Stevenson, in dem das Problem der Persönlichkeitsspaltung behandelt wird.
[2] Aelian, II, S. 251.
[3] Brunfels (1532), Kap. 135. Der früheste dänische Name ›bylnæ‹ (im heutigen Dänisch ›bulmeurt‹) taucht in mittelalterlichen Manu-

in Griechenland immer noch die Meinung, daß der Gattungsname von Homers Erzählung von der Zauberin Circe herrührt, die die Begleitmannschaft des Odysseus mit einem Getränk aus Bilsenkraut in Schweine verwandelte.[4] Da es nicht möglich ist, zu entscheiden, welche der beiden Versionen die wahre ist, kann man sich ebensogut unbedenklich für die letztere entschließen, einesteils, weil sie wohl die amüsantere von beiden ist und andererseits auch ein Körnchen Wahrheit enthält.

In den Werken von Apollonius Rhodius (3. Jahrhundert v. Chr.), Ovid (43 v. Chr.–17 n. Chr.) und Homer finden sich Geschichten über Zaubertränke, deren Wirkungen deutlich den Hinweis liefern, daß ihr wichtigster Bestandteil das Alkaloid Hyoscyamin war. Apollonius und Ovid beschreiben in allen Einzelheiten, wie Circe zusammen mit der Tochter ihres Bruders, Medea, die ihr in ihren Zauberkünsten in nichts nachstand, Zauberkräuter sammelt.[5] Es bestehen wohl kaum Zweifel darüber, daß diese beiden finsteren Gestalten aus der

skripten gleichzeitig mit dem Lateinischen ›Iusquiamus‹ auf. Die volkstümlichen dänischen Namen sind nicht immer gerade schmeichelhaft: Zahnwurz, Linderungskraut, Gnadenwurz, Schlafgras, aber auch Teufelshoden, Hundepissewurzel und Katzen-Lauge. Die deutsche Bezeichnung ›Bilsenkraut‹ verlieh der Stadt der Bohemians, ›Pilsen‹, ihren Namen, in der während des Mittelalters auf riesigen Feldern Schierling wuchs, dessen zerstoßene Samen man dem Bier beimengte, um es berauschender zu machen – so gesehen muß das ›Pilsener‹ der vergangenen Tage ein umwerfendes Gebräu gewesen sein.

[4] Von Circes Zaubertrank sagt Homer im 10. Buch der Odyssee nur, daß er den Saft magischer Pflanzen enthielte. Daß diese mit der Schierlingspflanze identifiziert wurden, beruht ausschließlich auf der Tatsache, daß der Schierling Alkaloide enthält, die das Gefühl erzeugen können, in ein Tier verwandelt worden zu sein.

[5] Beispielsweise Apollonius Rhodius in ›Argonautica‹, III, 840–86 und in Ovids ›Metamorphosen‹, an mehreren Stellen im 7. Buch.

griechischen Mythologie auf Menschen, die damals wirklich gelebt haben, zurückzuführen sind – auf griechische Hexen, die zur damaligen Zeit schon die verborgenen, gefährlichen Kräfte des Bilsenkrauts kannten.

In diesem Zusammenhang sollte erwähnt werden, daß es zwölf bis vierzehn verschiedene Bilsenkrautarten gibt, von denen allerdings nur drei bedeutende Heil- und Zauberpflanzen waren. Von diesen drei kommen wiederum zwei Arten, ›Hyoscyamus albus‹, das weiße Bilsenkraut, und ›Hyoscyamus aureus‹, das goldene Bilsenkraut, ausschließlich in Mittelmeerländern vor, und besonders diese beiden Arten waren es, die die Hexen, die zu den mythologischen Gestalten Circes und Medeas das lebendige Vorbild abgegeben hatten, verwendeten. Die dritte Art, ›H. niger‹, das gemeine Bilsenkraut, ist weiter nördlich, in Gebieten mit kontinentalem Klima, um das Kaspische Meer herum beheimatet. Es breitete sich gerade zur richtigen Zeit in Nord- und Westeuropa aus und gelangte somit auch zu einem recht frühen Zeitpunkt nach Dänemark, um dort im Mittelalter von Ärzten und Hexen – jeder natürlich auf seine Art – in Gebrauch genommen werden zu können. Heutzutage ist das Bilsenkraut leicht zu finden, vor allem auf Brachland, häufig auch, als Relikt aus früherem Anbau, in Ruinen von Schlössern und Klöstern. Manchmal kommt es vor, daß es plötzlich an Stellen auftaucht, an denen es nachgewiesenermaßen vorher noch nie gewachsen ist – bis man dann vielleicht bemerkt, daß im Jahr davor die Erde über der betreffenden Stelle durch Graben oder Pflügen umgeschichtet worden war.

Der Medizinhistoriker Jens Lind (1874–1939) stellte die dabei auftauchenden immer noch keimfähigen Bilsenkrautsamen aus längst vergangenen Zeitaltern auf eine Stufe mit Funden aus der Stein- oder Bronzezeit. »Ich will nicht gerade behaupten«, schreibt er, »daß ein und dieselben Samen zum Beispiel seit 1086, als das Schloß zerstört wurde, in Sjoerring gelegen sind; es ist vielmehr anzunehmen, daß gelegentlich, von Zeit zu Zeit einige Samen zu Pflanzen auskeimten und somit den weiteren Samenbestand sicherten...«[6] Spätere Untersuchungen ergaben auch wirklich, daß Bilsenkrautsamen, die in tiefen, luftabgeschlossenen Erdschichten begraben liegen, Hunderte von Jahren keimfähig bleiben können; somit mag es auch gar nicht so ausgeschlossen sein, daß sich die Pflanzen, die Jens Lind 1915 sah, aus Samen entwickelt hatten, die mindestens 800 Jahre alt gewesen waren.[7] Man kann sich angesichts dieser Tatsache nicht der Erinnerung an alte Geschichten von ›mumifiziertem Weizen‹ erwehren, von Kröten, die beim Spalten von Steinen oder Baumstämmen plötzlich hervorspringen, oder von Molchen, die während Hunderten oder Tausenden von Jahren in einer Art Winterschlaf unter dem Eis gelegen haben und durch ungewöhnlich starkes Tauwetter plötzlich wieder zum Leben erweckt und befreit werden.

Machte die Priesterin des Orakels von Delphi ihre Weissagungen etwa unter dem Einfluß von Räucherduft aus Bilsenkrautsamen?

In alten Zeiten hieß das Bilsenkraut Herba Apollinaris, und Wissenschaftler der Neuzeit erklären einstimmig, daß Pythia in einem durch Rauschmittel hervorgerufenen Zustand der Ekstase weissagte, was natürlich

---

[6] Lind (1918), S. 86ff.
[7] Die Forschungen auf diesem Gebiet wurden von dem Botaniker Soeren Oedum durchgeführt und in einem Artikel in der Zeitschrift ›Skalk‹, Nr. 4, 1964, S. 18–26 zusammengefaßt.

wiederum zugunsten einer Glaubwürdigkeit der Überlieferung spricht.

Von den Galliern heißt es, daß sie Bilsenkrautsaft als Pfeil- und Speerspitzengift verwendeten, und bei den Giftmischern der Antike und des Mittelalters rangierte das Bilsenkraut in der Skala der Beliebtheit gleich nach dem Sturmhut. In jüngerer Zeit sind Giftmörder allmählich dazu übergegangen, ›bequemere‹ Mittel wie Arsen oder Strychnin zu benutzen, allerdings ging auch noch in diesem Jahrhundert ein Mordfall in Verbindung mit Bilsenkrautgift durch die Presse: ein berüchtigter Mörder aus England, Dr. Crippen, wurde zum Tode verurteilt und 1910 gehängt, weil er seine Ehefrau mit Hyoscin – Hydrobromid umgebracht hatte.

Henrik Smid berichtet, daß man Fische fangen kann, »indem man aus Bilsenkrautsamen kleine Stücke als Köder hinwirft; die Fische, die davon fressen, gebärden sich wie wild, springen in die Höhe und schwimmen bauchaufwärts, so daß man sie ganz leicht mit der Hand fangen kann, solange sie sich in diesem Zustand der Verrücktheit befinden.«[8] Von Henrik Smid erfahren wir außerdem, daß Söldner und Zigeuner, die Hühner stehlen wollten, diese mit dem Rauch glimmender Bilsenkrautsamen narkotisierten. Simon Paulli liefert darüber folgende detaillierte Schilderung: »Daß diese Bilsenkrautsamen es vermögen, einem den Knopf schwer zu machen und einen zum Einschlafen zu bringen, wissen die Schlachtenbummler, die das Land durchstreifen oder den vorausziehenden Truppen auf den Fersen folgen, nur allzugut. Wenn sie auf leichte und geschickte Art und Weise einem Bauern ein Huhn stehlen wollen, dann mischen sie Bilsenkrautsamen in einen Topf mit

[8] Henrik Smid (1577), 16.

brennender Kohle und schmuggeln ihn ins Hühnerhaus. Die auf ihren Stangen sitzenden Hühner fallen dann, wenn sie der Rauch erreicht, scheintot herunter. Auf diese Art wird der arme Bauer irregeführt.«[9]

Es bestand einige Zeit die Tendenz, hauptsächlich den Zigeunern die Schuld an der Ausbreitung von Schierling und Bilsenkraut über die skandinavischen Länder zu geben; mit ziemlicher Sicherheit ist deren Bedeutung in diesem Zusammenhang übertrieben – bzw. sie müssen sich auf alle Fälle die Ehre mit Hexen, Schlachtenbummlern und anderen unseligen Kreaturen teilen, die, lange bevor die Zigeuner so weit in den Norden vordrangen, schon mit Bilsenkrautsamen handelten oder sie zu unterschiedlichen Zwecken verwendeten.[10]

Schon seit Urzeiten ist das Bilsenkraut zur Herstellung schmerzstillender Medikamente benutzt worden.

[9] Paulli (1648), S. 253, Nr. 103.
[10] Viel wahrscheinlicher ist, daß die Zigeuner die ersten waren, die mit dem Samen von ›Cannabis sativa‹, der Hanfpflanze, Handel trieben und unseren Vorfahren als Rauschmittel nahebrachten. Henrik Harpestræng, der 1244 starb, beschreibt die Pflanze zwar, ob sie jedoch zu seiner Zeit schon als Droge bekannt war, ist sehr zweifelhaft. Die Hanfpflanze ist ursprünglich in Zentralasien beheimatet, gelangte aber lange vor den Zigeunern nach Indien. In Mitteleuropa wird sie schon seit dem Steinzeitalter angebaut, gedeiht auch gut in Dänemark und produziert große Mengen an Tetrahydrocannabinol, den Stoff, der die Rauschwirkung hervorruft. In der Regel sind jedoch die nördlichen Sommer zu kurz und zu kalt, als daß die Pflanze Samen bildet; deshalb hat es sich zu einer regelmäßigen Notwendigkeit entwickelt, Nachschub an Samen zu importieren, da die Samen außerdem nach drei oder vier Jahren Lagerung unter schlechten Bedingungen ihre Keimfähigkeit verlieren. Den umherziehenden Zigeunern, die die Hanfpflanze wahrscheinlich schon immer als Rauschdroge benutzten, wäre der Handel mit den Samen sicherlich leichtgefallen, und es gibt auch tatsächlich viele Anzeichen dafür, daß sie über lange Zeitstrecken hinweg beinahe ein Monopol für die Einführung von Hanfsamen nach Skandinavien besaßen.

Wie Schierling und Alraune wurde es eingesetzt, um die Leiden zum Tode Verurteilter zu mildern, vor allem während der Folter, die der eigentlichen Hinrichtung vorausging, wie es speziell bei Schwerverbrechern wie Falschmünzern, Sodomiten, Königsmördern und, nicht zu vergessen, bei Hexen der Fall war.[11]

Bilsenkraut vermag jedoch nicht nur körperliche Schmerzen zu lindern, es kann auch Vergessen bringen oder zumindest das Gefühl erzeugen, daß das, was war oder im Augenblick oder der Zukunft geschieht, belanglos ist. Dabei nimmt man diesen Zustand widerstandslos hin und läßt sich willenlos in etwas ein oder läßt sich sogar irreführen. Manche Wissenschaftler sind der Ansicht, daß Bilsenkraut der wirksame Bestandteil im wundersamen Trank des Vergessens war, den Gudrun von Kriemhild in der Gudrunsage erhält, woraufhin sie nicht nur den Mord an ihrem Sigurd vergißt, sondern auch aufhört, Kriemhild, die den Mord anzettelte, zu hassen, und letztendlich sogar bereitwillig die Braut des Hunnenkönigs Attila wird:

Kriemhild reichte mir den mit dem Trank gefüllten Becher,
kühl war sein Geschmack, voll süßen Vergessens
seine Kraft und Stärke erhielt er aus den unerschöpflichen
Wassern des Urd,
aus den Wassern des Meeres, kalt wie Eis, und
dem Blute des Ebers.
In den Trank versenkt, waren allerlei magische Zeichen,
rot und ächzend, ohne Wille war ich,
wundersames Heidekraut von Haddingland,
eine Kornähre ohne Hülse, das Eingeweide vom Reh.
Tod und Arglist wohnten im Trank,
gedarrte Eicheln, Wurzelwerk,

---

[11] War Mitleid oder der Wunsch, die Ordnung in den Reihen aufrechtzuerhalten, das Motiv der Obrigkeit?

*des Herdes Asche, der Opfergaben Mägen,
des Schweines frische Leber, den Zank und Hader besänftigend.*[12]

Es wird behauptet, daß unter dem ›Wurzelwerk‹ Bilsenkraut gewesen sein muß, da es von allen Pflanzen, die diesen Zustand Gudruns hätten hervorrufen können, angeblich die einzige war, die zur Zeit der Saga schon so weit nach Norden vorgedrungen war. Inzwischen sind die Literaturhistoriker mit ziemlicher Sicherheit davon überzeugt, daß die alte Sage ihren Ursprung in einer alten Quelle aus Burgund hat. Wenn dies stimmen sollte, dann verlöre die Bilsenkraut-Theorie sofort einiges an Gültigkeit, da es in Burgund andere Kräuter gibt, die ebensogut hätten im Spiel sein können.

Bilsenkraut war auch Bestandteil der Hexen-Flugsalben, und in einigen recht zweifelhaften Quellen wird behauptet, daß, wenn neue Leute in den Kreis der Hexen aufgenommen werden sollten, Bilsenkrautsaft in den Willkommenstrunk gemischt wurde. Unter dem Einfluß des Getränks wurden die Opfer dazu gebracht, in einem so peinlichen Zustand an den Sabbat-Riten teilzunehmen, daß es hinterher unmöglich für sie war, sich wieder aus dem Kreis zurückzuziehen.

Die Zeit der Hexen gehört mittlerweile zwar der Vergangenheit an, die finstere Geschichte des Bilsenkrauts dauert jedoch immer noch fort: eine internationale Organisation, die den weißen Sklavenhandel bekämpft, weist in einem ihrer Berichte darauf hin, daß Betäubungsmittel, die Hyoscyamin enthalten, immer noch eine wichtige Waffe in der Hand derjenigen Verbrecher sind, die sich mit diesem frevelhaften Gewerbe beschäftigen.

[12] Übersetzt aus Martin Larsens »Den ældre Edda og ›Eddica Minora‹«. Kopenhagen 1943, Bd. 2, S. 153.

Atropa belladonna

»Der Name Belladonna kommt daher, daß
Frauen, die Gefallen erregen wollen und sich
deshalb besagte Tropfen in die Augen träufeln, die Augen einer Meduse bekommen,
groß, durchdringend und hypnotisierend.«

Christian Elling. *Shakespeare, an Insight into
his World an its Poetry, 1959.*

Tollkirsche

ieses in Südeuropa und dem Nahen Osten auftretende Nachtschattengewächs verdankt Linné seinen gegenwärtigen botanischen Namen. Als großer Kenner der Natur war dieser so vertraut mit der Tier- und Pflanzenwelt und deren Besonderheiten, daß er fast immer überraschend treffende Bezeichnungen fand – ›Atropa belladonna‹ bildet dafür ein gutes Beispiel. Der Gattungsbegriff geht auf die griechische Schicksalsgöttin Atropos, die Unbeugsame, zurück, die den Lebensfaden durchschneidet – die Schere in ihrer Hand war dabei häufig die Tollkirsche. Noch eine weitere Geschichte taucht im Zusammenhang mit dem Artnamen auf, und zwar, daß die Tollkirsche auch im Dienste der Schönheit und Liebe stand. Ihr alter volkstümlicher italienischer Name ›Belladonna‹ weist wahrscheinlich darauf hin, daß die Damenwelt im Süden in früheren Zeiten in Wasser gelösten Tollkirschensaft, der Atropin enthält, zur Erweiterung ihrer Pupillen benutzte.[1] Große verträumte Augen übten wohl schon immer große Anziehungskraft auf das andere Geschlecht aus. In dem neuen Gattungsnamen vereinigt Linné die wesentlichen Merkmale der Pflanze und hinterläßt der Nachwelt:

> »...ein bewegendes Bild:
> die Liebe und der Tod
> gemeinsam in ihr vereint.«

Vor Linnés Zeit war die Tollkirsche der Gattung ›Solanum‹ zugeordnet und unter einer Reihe ganz unterschiedlicher Namen bekannt, die zwar fast schon Schimpfwörter darstellten, aber jedenfalls deutlich den Ruf aufzeigten, den die Pflanze im Laufe der Zeit erworben hatte: ›furiale‹ – die Rasende, ›mortiferum‹[2] –

---

[1] John Gerard schrieb, daß der Name darauf zurückzuführen sei, daß die Damenwelt Italiens eine Lösung aus Tollkirschensaft und Wasser zur Beseitigung von Röte in den Wangen benutzte. In einem anderen Schriftstück wird dagegen behauptet, daß der rötlich-purpurne Saft der Beeren blassen italienischen Damen als Rouge für die Wangen diente. Gemäß einer Volkssage kommt die Bezeichnung der Pflanze daher, daß es sich bei ›Belladonna‹ um eine Zauberpflanze handelt, die sich manchmal in eine göttlich schöne Frau verwandelt – ihr zu begegnen soll jedoch leider tödliche Folgen haben. Zu guter Letzt wurde noch behauptet, daß die Römer die Pflanze der Göttin ›Bellona‹ geweiht hätten, deren Priester vor allem bei zu ihrer Ehre abgehaltenen Zeremonien Tollkirschensaft tranken. Mit der Verbreitung des Christentums geriet die Göttin in Vergessenheit und der Name ›Bellonas Kraut‹ wurde zu ›Belladonna‹ verfälscht. Die Reihe der möglichen Namensdeutungen endet hier allerdings noch nicht – der Franzose Jules Michelet, der mit sehr viel Kompetenz und Sachverstand über Hexen schrieb, war der Meinung, daß der Name daher kam, daß die Tollkirsche (Belladonna) die Pflanze der ›guten Frauen‹, der ›schönen Frauen‹ und somit der weisen Frauen und der Hexen war.

[2] Der Stechapfel, Datura stramonium, wurde manchmal auch Solanum mortiferum genannt.

die Verhängnisvolle, ›laethale‹ – die Todbringende, ›hypnoticon‹ – die Hypnotisierende oder Verzaubernde und ›somniferum‹ – die Schlafbringende. Ähnlich war es mit ihren volkstümlichen Namen: Tollkirsche, Hexenbeere, Mörderbeere und ›dvaleboer‹ im Dänischen; dieser letzte Begriff ist uralt, weil ›dwaleberry‹ im Englischen schon im Mittelalter als Name für die Pflanze gebräuchlich war. Da das Wort ›dvale‹ im Sinne von ›Trance‹ aus dem Altnordischen stammt, wäre daraus zu schließen, daß das Wort ›dvaleboer‹ im Norden schon gebräuchlich war, bevor die skandinavische Völkerwanderung nach England einsetzte. Die Tollkirsche ist eine winterharte Pflanze mit einem kräftigen, ästigen Stengel, der bis zu einem Meter hoch wird, mit elliptisch-eiförmigen Blättern und glockenförmigen, bräunlich-violetten Blüten. Ihre glänzenden, schwarzen Beeren haben die Größe von Einmachkirschen und enthalten sowohl eine große Anzahl von Samen als auch einen dunklen, tintenartigen, sehr süßen Saft. Sämtliche Teile der Pflanze sind giftig. Das Hauptalkaloid ist Hyoscyamin, daneben enthält die Pflanze noch kleine Mengen an Atropin[3] und Skopolamin mit Spuren von Apoatropin und Belladonnin, die etwas andere Wirkungen haben. Für Kinder sind die süßen Beeren eine große Versuchung, und leider hört man auch beinahe jedes Jahr von Vergiftungen mit tödlichem Ausgang, vor allem aus südlichen Teilen Europas. Leichtere Formen der Ver-

---

[3] An späterer Stelle des Textes wird ausgeführt, daß während des Krieges die Tollkirsche zur Gewinnung von Atropin benutzt wurde; dabei verwandelt sich das Hyoscyamin der frischen Pflanze durch Trocknung in das chemisch verwandte Atropin. Der Unterschied zwischen beiden ist so gering, daß er nach Wagner (1970), S. 56–57, durch keine chemische Formel dargestellt werden kann.

giftung äußern sich in euphorischer Stimmung und demselben Gefühl von Zeitlosigkeit, wie es zu Anfang beim Genuß von Haschisch auftritt. Der folgende Tiefschlaf wird oft von erotischen Träumen begleitet. Mittlere Formen der Vergiftung verursachen Trockenheit im Hals, Jucken und Brennen, begleitet von Übelkeits- und Schwindelgefühlen, die von tiefem Schlaf gefolgt werden.[4] Schwere Formen der Vergiftung bewirken Tobsuchtsanfälle, Erblindungs- und Lähmungserscheinungen; auf das danach auftretende Koma folgt dann normalerweise der Tod durch Lähmung des Atemsystems.

Die Chance, schwere Formen der Vergiftung zu überleben, ist deshalb so gering, weil das Gift im Körper sehr langsam abgebaut wird und es für den Arzt schwierig ist, das Atmungssystem des Patienten so lange in Gang zu halten, bis dieser Prozeß beendet ist.

Zum Glück ist die Tollkirsche in Dänemark eine sehr seltene Pflanze. Sie tritt nur an einigen wenigen Stellen entlang der Küste des Kleinen Belts und bei Moseby auf der Falster-Insel auf. Eigenartigerweise wird sie jedoch in alten dänischen Medizin- und Kräuterbüchern nicht erwähnt. Wenn Mönche und spätere Kräuterheilkundige die Pflanze vielleicht auch kannten, so wollten sie sie offensichtlich nicht besitzen. Es war risikoreich, sie anzuwenden, und vor allem gab es Kräuter, die für denselben Zweck eingesetzt werden konnten, dabei aber weniger gefährlich waren. »Wenn ihr meinen Rat befolgen wollt«, schreibt John Gerard, »dann nehmt diesel-

---

[4] In diesem Stadium tritt oft ein Verlust der Kontrolle über die Gesichtsmuskulatur ein, was viele Historiker dazu veranlaßt hat anzunehmen, daß das sogenannte ›Sardonische Lachen‹ durch Tollkirschen-Vergiftung verursacht wird.

bige Pflanze, die wild und todbringend ist, nicht in euern Gebrauch und verbannt sie aus euren Gärten; diejenigen, die von ihr gegessen haben, versetzt sie in einen Schlaf, aus dem schon viele nicht mehr erwacht sind.«[5]

Die Tollkirsche wird in keinem der aus der Antike überlieferten Bücher klar beschrieben, aber die Art der Beschreibung der Alraunenart ›Morion‹ deutet ziemlich sicher darauf hin, daß es sich dabei in Wirklichkeit um die Tollkirsche handelt.[6] Auch wird von Mänaden in den Dionysischen Orgien berichtet, die sich mit *weitaufgerissenen* Augen den männlichen Verehrern des Gottes in die Arme werfen, und sich ein andermal mit *wildflammendem* Blick auf alle Männer stürzen, die ihnen über den Weg laufen, um sie zu zerreißen und zu verschlingen. Diese zum Beweis herangezogenen beschreibenden Adjektive mögen vielleicht nicht gerade hundertprozentig überzeugend wirken, es ist aber immerhin möglich, daß sie einen Hinweis darauf geben, daß ab und zu bei den Bacchanalien der Wein nicht nur, wie wir später noch sehen werden, mit Stechapfelsaft, sondern auch mit Tollkirschensaft vermischt war.

Dadurch, daß durch die Tollkirsche hervorgerufene Vergiftungserscheinungen so leicht zu diagnostizieren waren, wurde sie wahrscheinlich nicht so häufig wie einige der ihr verwandten Kräuter zum Giftmord verwendet.

In militärischer Hinsicht spielte die Tollkirsche in zwei Fällen eine Rolle – beim ersten Mal als Gift, beim zweiten Mal als Gegengift. Nach Aussage des englischen Arztes und Kräuterheilkundigen Nicholas Cul-

---

[5] Woodward (1927), S. 74.
[6] Aller Wahrscheinlichkeit nach handelt es sich bei der dritten der von Dioscorides beschriebenen Alraune (IV, 76) um die Tollkirsche.

peper (1616-1654) gibt es in Buchanans ›Geschichte von Schottland‹ ein recht merkwürdiges Beispiel für die tödliche Wirkung der Pflanze, in dem die Vernichtung von Swenos Armee nach der Invasion in Schottland beschrieben wird. Demnach hatten die Schotten gemäß einem Waffenstillstandsabkommen den Dänen Met geschickt, das jedoch »mit dem Saft eines giftigen Krautes gemischt war, das zu Hauf in Schottland wächst und ›Nachtschatten‹ heißt«. Die Dänen wurden von dem Met so betrunken, daß die Schotten über sie herfallen und die meisten von ihnen im Schlaf töten konnten, so daß kaum genug von ihnen übrigblieben, um den König in Sicherheit zu bringen. Der dänische König Sweno war in Wirklichkeit Svein Knutson, König von Norwegen (1030-1035), der versuchte, Duncan I. Schottland zu entreißen. Der Führer auf schottischer Seite bei diesem Ereignis war Earl Macbeth, der als Vorbild für die Hauptfigur in Shakespeares gleichnamiger Tragödie diente.

Das zweite Mal, daß die Tollkirsche eine offizielle Rolle spielte, war im Jahre 1943, als die Alliierten in Erfahrung brachten, daß deutsche Chemiker ein Nervengas entwickelt hatten, das sowohl geruch- als auch farblos, in kürzester Zeit zum Tode führte. Daraufhin sahen sie sich gezwungen, große Vorräte an Atropin, das aus der Tollkirsche gewonnen wurde, anzulegen, da es als einzig bekanntes Gegengift wirkte. Die Deutschen setzten ihre heimtückische Waffe jedoch nie ein, was aber zum damaligen Zeitpunkt nicht voraussehbar gewesen war.

Die Tollkirsche wurde in den verschiedensten Hexengebräuchen verwendet, vor allem auch in vielen Hexensalben aus Deutschland und Frankreich; ob die skandinavischen Hexen sich des Gebräus bedienten, ist unsicher.

Die Pflanze gedeiht am besten in windgeschütztem Halbschatten auf kreidehaltigem, gut gedüngtem Boden. Da nur sehr wenig Samen zum Keimen gebracht werden können, ist es am zweckmäßigsten, sie zuerst in Saatbeete auszusäen, um sie später in ein anderes Beet zu verpflanzen; dies sollte aber sehr gut eingefriedet sein, damit sich niemand zufällig vergiften kann.

Datura stramonium

Stechapfel

Datura, genauer gesagt ›dhatura‹, ist von dem Sanskrit-Wort ›dhat‹ abgeleitet, das zur Bezeichnung eines Giftes diente, das aus ›Datura metel‹, einer indischen Stechapfelart, gewonnen wurde. Linné, der im allgemeinen kein Freund von exotischen Namensgebungen war, übernahm diese Bezeichnung als Gattungsnamen, weil er meinte, daß sie die lateinische Wurzel ›dare‹ enthielt, was soviel wie ›geben‹ bedeutet, im speziellen vielleicht das Geben bzw. Verordnen von Arzneien, wie zum Beispiel Stechapfelsaft bei Impotenz.

Die Gattung hat sowohl in der Neuen als auch in der Alten Welt zahlreiche Vertreter; in der Alten Welt sind manche Arten eher Kräutern ähnlich, manche der amerikanischen Sorten dagegen kleinen Bäumen und Büschen. Alle Arten enthalten jedoch in sämtlichen Pflanzenteilen die Alkaloide Hyoscyamin, Skopolamin und Atropin. Allein schon die Blüten sind so berauschend, daß ihr Geruch betäuben und leichte Vergiftungserscheinungen hervorrufen kann. Diese Tatsache sollte einen jedoch nicht dazu verleiten, die Geschichte vom armen, verlassenen Lakmé in Delibes Oper zu glauben, der Selbstmord verübt, indem er »den giftigen Duft des Stechapfelbaumes einatmet« – Selbstmord auf diese Art und Weise zu begehen, wäre sicherlich zu langwierig.

Zwar ist D. stramonium, der europäische Stechapfel, im Laufe der Zeit zu einer immer selteneren Pflanze geworden, trotzdem aber noch hie und da auf Müllhalden und an Stellen anzutreffen, an denen er sich von den Gärten aus ausgebreitet hat; er ist eine Jahrespflanze, die leicht an ihrem Geruch, ihren weißen, trichterförmigen Blüten und ihrer Frucht, den ›Äpfeln‹, zu erkennen ist, die walnußgroß und dicht mit Stacheln übersät sind. Leider erliegen gerade manchmal kleine Kinder nach dem Genuß der Samen tödlichen Vergiftungen; die Samen sind nämlich, solange sie noch unreif sind, schmackhaft und süß, dazuhin noch leicht zugänglich, da die Stacheln der Frucht erst nach der Reife der Samen hart und pricklig werden.

Als Ursprungsland des Stechapfels wird das Gebiet um das Schwarze und das Kaspische Meer angenommen, wie und wann er jedoch nach Europa gelangte, liegt noch im dunkeln; man kann sich aber wohl leicht vorstellen, daß diese Pflanze mit ihrer stacheligen Samenkapsel in uralten Zeiten im Fell eines Tieres hängenblieb und so über die Grenzen ihrer damaligen Verbreitung hinausgetragen wurde. Obwohl der Stechapfel ganz offensichtlich bei den Schreibern von Kräuter- und Medizinbüchern in der Antike bekannt ist und besprochen wird, so findet er doch weder im Mittelalter noch in der Frührenaissance Erwähnung; weder erscheint er in den medizinischen Schriften der Mönche noch bei den großen Schreibern des 15. Jahrhunderts, wie zum Beispiel Fuchs, Bock, Brunfels und anderen. 1597 schreibt John Gerard, daß der Stechapfel in England immer noch eine Rarität sei, und Henrik Smid (1577) und Simon Paulli (1648) kannten die Pflanze angeblich gar nicht. Der bekannte österreichische Autor A. Ritter von

Perger stellte 1864 die Theorie auf, daß D. stramonium von den Zigeunern nach Europa gebracht worden sei, und »alle Künste der Zigeuner sollen vorzüglich in der genauen Kenntnis der Säfte des Stechapfels bestehen«[1]. Es scheint, daß diese Hypothese nie näher untersucht wurde. Offensichtlich richtig ist aber die Tatsache, daß der Stechapfel und die Zigeuner etwa zur gleichen Zeit nach Europa kamen.

Die meisten der antiken Schreiber fürchteten den Stechapfel und warnten ihre Leser vor ihm. Theophrast schreibt,[2] daß jeder, der auch nur $3/20$ einer Unze (4,2 Gramm) vertilge, sich wie jemand, der den Teufel im Leibe habe, fühlen wird; die doppelte Menge erzeuge Halluzinationen und vorübergehende Verrücktheit, bei der dreifachen verlöre man für immer den Verstand, bei der vierfachen trete der Tod ein. Sowohl Dioscorides[3] als auch Plinius schreiben dasselbe, und Plinius[4] fügt noch hinzu, daß Stechapfelsaft als Speergift verwendet wurde und daß der Stechapfel, den er ›Manicon‹, das sinnverwirrende Kraut, nennt, noch andere harmlos klingende Namen hat, die ihm von Leuten gegeben wurden, die aus üblen Absichten heraus seine eigentliche Wirkungsweise verbergen wollten.

Die Frage nach der ›wahren Natur‹ des Stechapfels gab sowohl zu vielen Mutmaßungen als auch zu mehr oder weniger phantastischen Geschichten Anlaß. Ganz sicherlich übertrieben war in diesem Zusammenhang die Geschichte von einem französischen Diplomaten, der irgendwann im 17. Jahrhundert bei seiner Rückkehr

---

[1] Perger (1864), S. 183.
[2] Theophrast, IX, xi, 6 (Bd. 2, S. 273).
[3] Dioscorides, IV, 74, S. 470.
[4] Plinius, XXI, 179 (Bd. 6, S. 287–289).

aus Persien erzählte, daß Bienen, die Nektar von der persischen Datura gesammelt hatten, Honig produzierten, der so giftig war, daß schon ein Löffel davon genügte, um jemanden zu töten. Bewiesen ist jedoch, wie Dioscorides schrieb,[5] daß ›meli pontikon‹, Honig aus Pontus, dem Land der giftigen Kräuter, zu bestimmten Zeiten im Jahr bei denen, die davon gegessen hatten, heftige Schweißausbrüche erzeugte; und wenn Xenophon in der Anabasis[6] berichtet, daß griechische Soldaten auf ihrem Weg durch Pontus Honig aßen und dabei schwere Vergiftungen erlitten, dann gibt es eigentlich keinen Grund, dies nicht zu glauben. Auf der anderen Seite ist es schon beinahe peinlich zu erfahren, daß gegen Ende des 17. Jahrhunderts Mitglieder der Royal Society in London Sir Philiberto Vernatti, der gerade aus Indien zurückgekehrt war, fragten, ob es wahr sei, »daß die Inder die Rauschpflanze Datura so präparieren könnten, daß sie je nach Belieben mehrere Tage, Monate oder Jahre im Körper eines Opfers verweilen könne, am Ende jedoch innerhalb kürzester Zeit den Tod herbeiführen würde«.[7] Wie ich aber in der Fußnote 1 im Kapitel über den Sturmhut aufzeige, wurde schon hundert Jahre zuvor von Ambroise Paré bewiesen, daß dies unmöglich ist.

Was von der Royal Society als ›Rauschpflanze Datura‹ bezeichnet wurde, war sicherlich D. metel. Diese wurde in ihrem Heimatland von den Thugs, den Verehrern Kalis, der Göttin der Fruchtbarkeit und des Todes, eingesetzt, um die von ihr geforderten Menschenopfer

---

[5] Dioscorides, II, 103, S. 125.
[6] Anabasis, IV, viii, S. 20–21.
[7] Bigelows »American Medical Botany«, I–II, New York, 1817, Bd. 1, S. 21–22.

zu betäuben; zum andern verwendeten sie die Mitglieder dieser Glaubensgemeinschaft, um sich in einen Zustand der Besessenheit zu versetzen, der es ihnen ermöglichte, die bevorzugten Opfer – zufällig Vorbeiziehende – furchtlos anzugreifen, zu betäuben und letztendlich zu töten. Berechnungen ergaben, daß die Thugs auf diese Art und Weise im Verlaufe einiger Jahrhunderte mehr als hunderttausend Menschen getötet hatten, bevor es den Behörden Mitte des vergangenen Jahrhunderts gelang, sie auszumerzen.

Viele Wissenschaftler setzen die hinduistische Göttin Kali mit der griechischen Göttin Io gleich, die von den Mänaden, den weiblichen Anhängern des Dionysoskults, als die Mutter des Dionysos verehrt wurde. Dionysos selbst beteten sie im Zustand der Ekstase, der wahrscheinlich durch Stechapfelsaft hervorgerufen wurde, an. So eigenartig es scheinen mag, so kann doch auf diese Weise eine direkte Verbindungslinie zwischen dem antiken Dionysoskult in Griechenland und der indischen Sekte der Thugs nachgewiesen werden. Die Geschichte aus der Mythologie, in der Dionysos und Io nach Indien reisen, kann man somit beinahe wörtlich auffassen.

D. stramonium gelangte zu so frühen Zeiten mit den allerersten europäischen Kolonisten ins östliche Nordamerika, daß viele Botaniker irrigerweise annahmen, daß die Pflanze auch ursprünglich in Amerika beheimatet gewesen sei. Ihr schlechter Ruf scheint ihr jedoch nicht unmittelbar über den Atlantik gefolgt zu sein, da sie noch im Jahre 1676 von Soldaten, die in Jamestown, Virginia, stationiert waren, als Suppengewürz benutzt wurde. Das Ergebnis davon war, daß »...einige von ihnen im Überfluß davon aßen, was recht komische Wirkungen zur Folge hatte – mehrere Tage lang benahmen sie sich wie ausgesprochene Schwachköpfe: während einer von ihnen Federn in die Luft blies, warf ein anderer wie wild mit Strohhalmen nach ihnen, die wiederum ein dritter, der splitterfasernackt und grinsend wie ein Affe in einer Ecke saß, versuchte, abzumähen; der vierte im Bunde küßte und tätschelte seine Kameraden zärtlich und schnitt hämische Grimassen... möglicherweise hätten sie sich in diesem verrückten Zustand selbst zerstört, hätte man sie nicht gefangengenommen; trotz allem wirkten ihre Handlungen sehr gutmütig und unschuldig; sie spielten noch eine Unmenge dieser kindlichen Dummheiten und kamen nach elf Tagen wieder zu sich, ohne sich jedoch an das geringste zu erinnern.«[8]

Trotz ihrer Gefährlichkeit wurden Stechapfelzubereitungen regelmäßig in Liebestränken verwendet. Sie waren, wie sich ein empörter deutscher Schriftsteller ausdrückte, »ein Mittel der Hurenwirte, schlimmer Mädchenverführer, entarteter Buhlerinnen und frischer Wollüstlinge«, wenn es galt, den Widerstand eines Opfers zu brechen, es gegen dessen Willen sexuell zu erregen und es möglicherweise so weit zu bringen, daß es am Ende das Bewußtsein verlor. Diese Art von Mißbrauch verlieh der Pflanze auch letztendlich den Namen ›Liebes-Zwinger‹; daneben hieß sie noch ›Zauberkraut‹, was deshalb zutreffend ist, weil sie zu den Kräutern ge-

---

[8] Robert Beverlys ›History and Present State of Virginia‹ zitiert von Heiser (1969), ›Nightshades, The Paradoxical Plants‹, S. 139. Die Frage, ob es Datura stramonium möglicherweise schon im präkolumbianischen Amerika gegeben hat, wird behandelt in Carrol L. Riley, J. Charles Kelley, Campbell W. Pennington und Robert L. Rands (Hrsg.) ›Man Across the Sea – Problems of Pre-Columbian Contacts‹, University of Texas Press, Austin and London, 1971.

hörte, die die Hexen bei der Zubereitung ihrer Flugsalben verwendeten.

Von allen Zauberpflanzen ist der Stechapfel am einfachsten anzubauen. Sobald er einmal an einer bestimmten Stelle heimisch geworden ist, wird er dort mit Sicherheit automatisch jedes Jahr wieder von neuem wachsen; da er jedoch aus dem Süden kommt, bevorzugt er sonnige und windgeschützte Stellen.

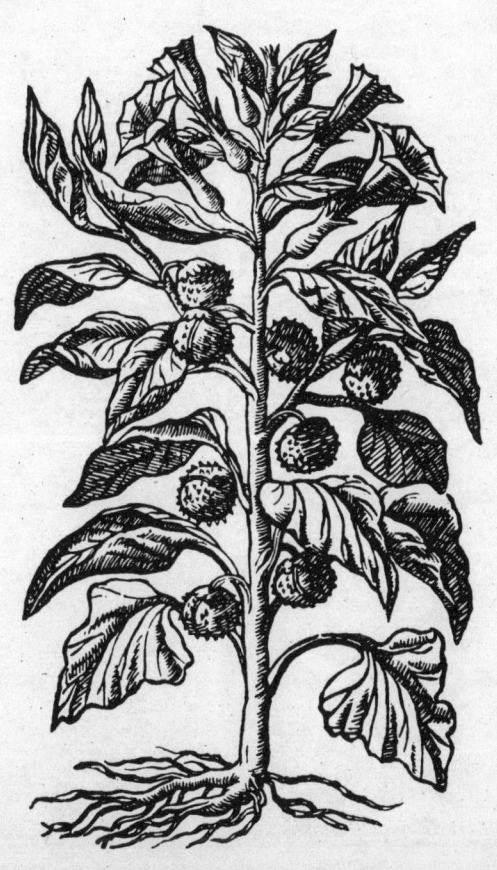

Schierling

ls Sokrates der Giftbecher gereicht wurde, sprach er zu dem Manne, von dem er ihn erhielt: »Du verstehst diese Dinge; was soll ich also tun?« – »Leere den Becher, dann geh umher, bis dir die Beine schwer werden, wenn du dich daraufhin niederlegst, wird das Gift seine Wirkung tun.«

Sokrates leerte den Becher in einem Zug, ging umher, bis er die Schwere in seinen Beinen fühlte und legte sich dann auf den Rücken. Der Mann, der ihm den Becher gereicht hatte, preßte daraufhin zuerst Sokrates' Fuß, dann mehrere Stellen an den Beinen, um, körperaufwärts gleitend, zu zeigen, daß Sokrates' Körper schon begonnen hatte, kalt und gefühllos zu werden. »Wenn das Gift bis zum Herzen gestiegen ist«, sagte er, »wird Sokrates sterben.« Als seine Hüften anfingen taub zu werden, sprach Sokrates seine letzten Worte: »Kriton, ich schulde Asklepius noch einen Hahn, bitte vergiß nicht, die Schuld zu begleichen.« Kriton versprach's und fragte, ob es noch etwas zu erledigen gebe, aber Sokrates antwortete nicht mehr. Bald ging ein Zittern durch all seine Glieder, und seine Augen wurden starr. Kriton, der dies sah, schloß ihm Mund und Augen.

Auf diese Weise starb also der weise Sokrates an einem Abend des Jahres 399 v. Chr. Mit aller Wahrscheinlichkeit enthielt der Giftbecher Schierlingssaft, gemischt mit Laudanum und Wein.[1] Wie von Plinius[2] zu erfahren ist, benutzten die Griechen normalerweise diese Mischung, um zum Tode Verurteilte aus dem Weg zu räumen. Nur die schlimmsten Verbrecher wurden gezwungen, Akonitin, das Gift des Sturmhuts, zu trinken, das einen weitaus schmerzhafteren Tod zur Folge hatte. Pflanzengifte spielten außer in der griechischen auch in anderen Kulturen eine Rolle. Bei den Hebräern, die ihre Verurteilten durch Steinigen hinrichteten, und bei den Kreuzigungen der Römer erhielten die Opfer manchmal vor der Hinrichtung einen schmerzlindernden, betäubenden Trank.

Selbst die gefährlichsten der giftigen Drogen können noch nützlich sein, wenn sie nur richtig angewendet und dosiert werden. So läßt Dioscorides verlauten, daß Schierling, im Mörser zerstoßen und auf die Hoden gestrichen, »bei sexuellen Träumen und unerwünschten Samenergüssen hilft«, und er behauptet, daß Schierlingspflaster die Geschlechtsorgane schwäche. Auf die weibliche Brust aufgetragen, lasse er den Milchfluß versiegen und verhindere, daß jungfräuliche Brüste zu groß würden.[3] Diese Beobachtung wurde, wie Plinius[4] behauptet, zuerst von Anaxilaus gemacht; 2000 Jahre später bezieht sich Simon Paulli in seiner »Flora Danica« darauf, wenn er schreibt, daß »Mädchenbrüste, die mit Schierlingssaft eingerieben werden, nicht weiterwach-

---

[1] Diogenes Laertius, dessen Werke zu Beginn des 3. Jahrhunderts n. Chr. entstanden, betont ausdrücklich, daß der Trank Schierlingssaft enthielt (II, 42, Bd. 1, S. 173), und der Verlauf der Vergiftung – hier in einer kurzen Paraphrase aus Platos ›Phaido‹ wiedergegeben – beweist, daß er recht hatte.
[2] Plinius, XXV, 151 (Bd. 7, S. 245).
[3] Dioscorides, IV, 79 (S. 478).
[4] Plinius, XXV, 154 (Bd. 7, S. 245).

sen, sondern angemessen klein bleiben und ihre Größe auch nie mehr ändern.« Der Wunsch, daß Brüste »unter dem durchsichtigen Schein des Schleiers nicht zu groß sein sollten«, mag für uns, die wir im Zeitalter des weiblichen Brustkultes leben, eigenartig klingen – vor einigen Jahrzehnten jedoch war es noch weitestgehend der gängige Geschmack.

Es wurde häufig behauptet, daß der Grund, weshalb der Schierling in den Norden gelangte, obwohl er dort ursprünglich gar nicht beheimatet war, in seiner Verwendung als Keuschheitsmittel lag; Mönche und Nonnen bedienten sich seiner, um ihre Fleischeslust zu unterdrücken. Es bestehen auch keine Zweifel darüber, daß er in Klostergärten angebaut wurde; man findet ihn immer noch wild wachsend in der Nähe von Klosterruinen. Mit ziemlicher Sicherheit wurde er aber schon vor der Zeit der Mönche eingeführt. Es scheint, daß es ein vorchristlicher Brauch gewesen ist, Schierling ganz in der Nähe von Wohnstätten anzubauen, um mit seiner Hilfe herumschwirrrendes Gift aufzufangen und auf diese Weise die Familie gesund und munter zu erhalten. Wahrscheinlich waren es die Wikinger, die Schierlingssamen von ihren Zügen in den Norden und Westen mitbrachten. Möglicherweise hatten sie in fremden Ländern beobachtet, wie Heilkundige ihren Patienten vor Amputationen Schierlingssaft als lokales Betäubungsmittel verabreicht hatten, und daraufhin schnell erkannt, daß es nur von Vorteil sein konnte, diese Pflanze auch in ihrem Heimatland zur Verfügung zu haben. Der Schierling und der ihm verwandte Wasserschierling, der in Dänemark wild wächst, gehören zur großen Familie der Doldengewächse. Die Pflanzen werden bis zu 1,25 m hoch und haben große weiße Dolden; die Stengel sind hohl und glatt. Da jedoch der Stengel des einfachen Schierlings glänzt und vor allem im unteren Teil mit roten Flecken bedeckt ist, ist er leicht vom Wasserschierling zu unterscheiden. Die jeweils zweite Silbe der dänischen Namen ›skarntyde‹ und ›gifttyde‹ bedeutet soviel wie ›Düse‹ und bezieht sich damit auf die hohlen Stengel, während die Silbe ›skarn‹ – Schmutz oder Abfall bedeutend – wohl entweder auf die Stellen hinweist, an denen die Pflanze wächst, also auf Müllhalden in der Nähe von Häusern, außerhalb der Stadtmauern und an der Küste – oder sich aber auf den schlechten Geruch der Pflanze bezieht. Die erste Silbe von ›gifttyde‹, Wasserschierling, bedeutet ›Gift‹.

Im antiken Griechenland war der Schierling der Mondgöttin Hekate geweiht, der Herrscherin und Beschützerin all dessen, was sich in der Dunkelheit verbirgt. Von jeher war sie mächtige Schutzherrin und Ratgeberin der Hexen – sowohl bei Giftmorden als auch in Fällen, wo sich die Hexen in geringeren Künsten oder auch nur billigen Tricks, wie zum Beispiel Hühnerstehlen, ergingen. »Um daß du Vögel mit dein' Händen fangen kannst«, heißt es in einem alten Zauberbuch, »nehm irgendwelches Korn, das du, nachdem du's fürsorglich getränkt im Bodensatz vom Wein und Saft des Schierlings, den Vögeln zuwirfst. Jeder Vogel, der davon gekostet, wird trunken und sein' Kräft' verlieren.«[5] Von den Zigeunern, die selbst in unseren Tagen noch ungern in der Nähe von Hühnerställen gesehen werden, wird behauptet, daß sie den Hexen in dieser Kunst in nichts

---

[5] Die Textstelle wird zu Unrecht Albertus Magnus, dem großen Scholastiker des 13. Jahrhunderts zugeschrieben. Vgl. dazu die Einführung zu Michael R. Best und Frank H. Brightman (Hrsg.): ›The Book of Secrets of Albertus Magnus‹, Oxford 1973.

nachstanden und daß vor allem sie es waren, die auf Märkten außerhalb der Städte den Handel mit Schierlingssamen weitertrieben und somit für die weite Verbreitung des Schierlings verantwortlich seien. Es gehört nicht viel dazu, jemanden zum Sündenbock zu machen und ihn zu verurteilen; und in diesem Falle haben wir es sicherlich mit einer Anschuldigung zu tun, für die keine Beweise geliefert werden können – auch wenn sie schon häufig schwarz auf weiß erschienen ist, läßt dies doch nicht auf ihren Wahrheitsgehalt schließen. Als gesichert gilt jedoch, daß der Schierling während der Zeit der Mönche – und lange bevor die ersten Zigeuner Dänemark erreicht hatten – weiter verbreitet war als in der heutigen Zeit, da er in jedem Krankenhaus- oder Klostergarten angebaut wurde. Wie schon erwähnt, war er eine bedeutende Heilpflanze, die unter anderem die Anhänger des Klosterlebens davor bewahrte, vom geraden aber schmalen Pfad der Tugend abzukommen, darüber hinaus war er aber auch weithin dafür bekannt, eine der schlimmsten Geißeln des Mittelalters, Ignis sacer (heiliges Feuer) oder ›Antonius-Feuer‹, eine Vergiftung durch Mutterkorn, zu heilen.[6]

Intensivierte Landnutzung und der Gebrauch von chemischen Unkrautvertilgern trugen gemeinsam dazu bei, daß der Schierling zu einer äußerst seltenen Pflanze wurde; den Wasserschierling kann man allerdings im Gegensatz dazu häufig noch an Fluß- und Seeufern und an Bächen finden. Er ist bei weitem der gefährlichere von beiden, da sein giftiger Bestandteil, das krampfer-

---

[6] Zu Ignis sacer sowie Mutterkorn und Mutterkornvergiftung vgl. Vilhelm Møller-Christensens ›Middelalderens Lægekunst i Danmark‹ (Heilkunde des Mittelalters in Dänemark), Kopenhagen, 1944, S. 163–173 und Nielsen (1965), S. 52–55.

zeugende Cicutoxin, viel stärkere Schmerzen erzeugt und in derselben Dosierung giftiger als das Coniin des Schierlings wirkt; darüber hinaus ist der Wurzelstock in gekochtem Zustand geschmacklich fast nicht von Sellerie oder Petersilienwurzel zu unterscheiden. Bei Vergiftungen ist es um die Überlebenschance schlecht bestellt: Die Hälfte aller Vergiftungen durch Wasserschierling verläuft tödlich.

Die Hexen verwendeten Schierling für weitaus Wichtigeres als nur für Giftmorde und Hühnerklau; sie machten ihn vielmehr zu einem der vielen Bestandteile ihrer Flugsalben. Chemische Experimente erbrachten den Beweis, daß das Gift der beiden Schierlingsarten, vor allem aber das Coniin, in kleinen Mengen eingenommen oder in die Haut gerieben, das Gefühl erzeugen kann, durch die Luft zu gleiten. In einigen Flugsalbenrezepten werden andere Doldengewächse, wie zum Beispiel die Gemeine Hundepetersilie, Aethusa cynapium, erwähnt, die Coniin in geringerer Konzentration enthält.

Es heißt, daß die natürliche Entwicklung der Sexualität innerhalb ehelicher Bande und von daher auch göttlichen Wohlgefallen erregend, dem Teufel und den Hexen verhaßt war, und die Hexen wurden tatsächlich gelegentlich beschuldigt, Männer ihres ›Zeugungsorganes zu berauben‹. Falls hinter dieser Anschuldigung doch mehr als die männliche Angst vor Impotenz stecken sollte, dann ist vielleicht am ehesten vorstellbar, daß Hexen manchmal nachts in Häuser schlichen, um die Genitalien schlafender Männer mit Schierlingssaft zu bestreichen. Da die Menschen in alten Zeiten nackt zu Bett gingen, war dieses Kunststück wahrscheinlich nicht allzu schwierig auszuführen.

Aconitum napellus

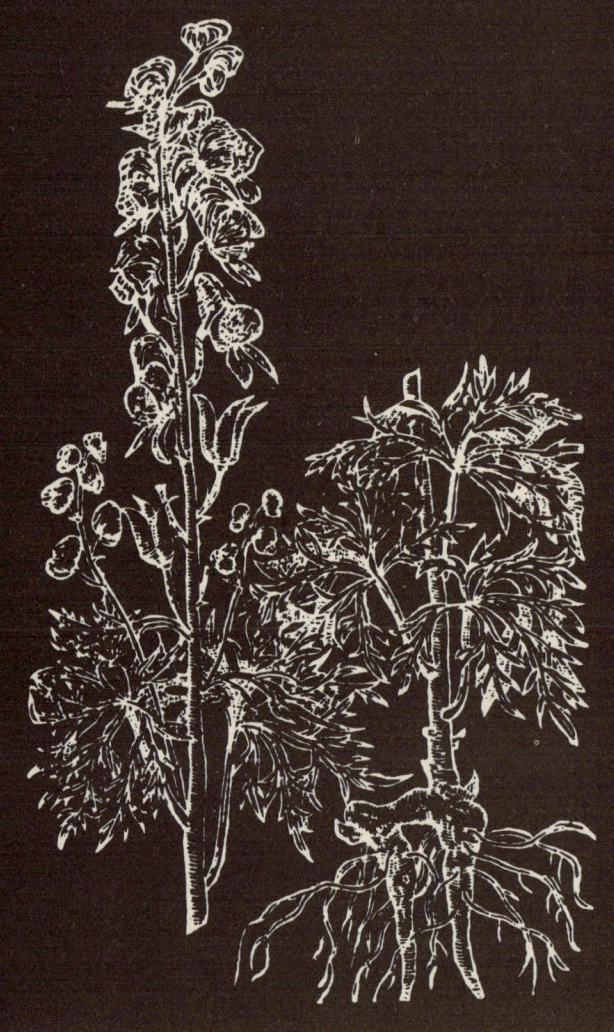

Eisenhut

Wie eine griechische Sage berichtet, entstand der Sturmhut oder Eisenhut aus dem Speichel, der dem dreiköpfigen Cerberus aus dem Maul tropfte, als Herkules ihn aus der Unterwelt zerrte. Speichel, ganz gleich ob von Mensch oder Tier, wurde für giftig gehalten, und je ungezähmter eine Kreatur war, desto giftiger war ihr Speichel. Somit ist es auch nicht verwunderlich, daß der Sturmhut unter den Zauberpflanzen als die gefährlichste gilt, und es mangelt nicht an tragischen Beispielen, die zeigen, was passiert, wenn man unvorsichtig mit ihm umgeht. 1551 berichtet Dr. William Turner in seinem Kräuterbuch von Franzosen in Antwerpen, die alle bis auf zwei innerhalb 48 Stunden starben, weil sie Sturmhutsprossen für etwas anderes gehalten hatten. 1595 erzählt Sir Francis Bacon, daß er von einem Franzosen gehört hatte, der von einem Salat starb, in den nur sechs oder sieben Sturmhutblüten gemischt waren. In einer Ausgabe von John Gerards Kräuterbuch aus dem Jahre 1636 liest sich dieser Vorfall so, als wäre die Erinnerung daran noch ganz frisch: »...denn als die Blätter hiervon von einigen törichten Leuten (in Antwerpen) in Salate gemengt, aufgetragen wurden, wurden all diejenigen, die davon aßen, im gleichen Augenblick von den grausigsten Schmerzen befallen, an denen sie bald darauf starben.« Im 18. Jahrhundert schrieb Dr.

John Hill in seinem »British Herbal« von »fünf Leuten in Antwerpen, die irrtümlicherweise die Wurzel vom Sturmhut aßen und alle daran starben.«

Der Sturmhut ist eine schöne, ranke Pflanze, die bis zu 1,5 m hoch werden kann; seine dunkelgrünen Blätter sind gestielt und fein geteilt, und die zahlreichen Blüten drängen sich am oberen Stielende in einer Traube zusammen. Die Blütenblätter werden vollständig durch die fünf blütenblattähnlichen, blauvioletten Kelchblätter verdeckt, deren oberstes, der ›Sturmhut‹, breiter als lang ist. Sämtliche Pflanzenteile, einschließlich der Samen und des dicken, knorrigen Wurzelstocks, sind giftig.

Viele Kulturen von Jägern, von den Ainus im Osten bis zu den Iren im Westen, benutzten Akonitin als Pfeilgift. In diesem Zusammenhang ist es interessant, sich wieder Dr. Margaret Murrays Theorie ins Gedächtnis zurückzurufen, nach der die Elfen-Menschen, die ja in der europäischen Folklore eine sehr große Rolle spielten, in Wirklichkeit die Ureinwohner eines fruchtbaren Gebietes gewesen sein sollen, und die in die Berge und die Wildnis vertrieben wurden. Sogenannte Elfen-Pfeile waren ursprünglich vergiftete Pfeilspitzen. Inzwischen gilt es auch als bewiesen, daß in Europa die Menschen des Frühsteinzeitalters mit dem Gebrauch von Giftpfeilen vertraut waren. Wie von Dr. Murray und anderen vermutet wird, muß es sich bei dem dabei verwendeten Gift mit ziemlicher Sicherheit um das schnell wirkende Akonitin gehandelt haben und nicht etwa um Schierlingsgift, da dessen Wirkung viel zu langsam einsetzt, um etwas ausrichten zu können.

Während der Zeit der Antike und des Mittelalters waren Giftmorde und der Versuch dazu so häufig an der

Tagesordnung, daß zum Beispiel Prinzen und andere Berühmtheiten nie sicher sein konnten, die nächste Mahlzeit zu überleben. Ihre Furcht und Unsicherheit wurde noch dadurch verstärkt, daß man den Giftmischern viel größere Fähigkeiten zuschrieb, als sie eigentlich besaßen. Theophrast, ein Schüler Aristoteles', berichtet, daß Akonitin so aufbereitet werden könne, daß der beabsichtigte Tod erst nach zwei Jahren einträte.[1] Das Gift war jedoch noch in anderer Hinsicht heimtückisch – eine entsprechende Geschichte, die allerdings nachweislich unwahr ist, erzählt, wie Aristoteles Alexander dem Großen während seines Indienfeldzuges das Leben rettete:

Ein indischer Prinz fürchtete, sein Königreich an Alexander zu verlieren, woraufhin er einen teuflischen Plan ersann, mit Hilfe dessen er Alexander aus dem Wege räumen wollte. »Bringt mir die schönste Jungfrau, die ihr im ganzen Königreich finden könnt«, sprach er zu seinen Dienern; nachdem diese seinen Befehl ausgeführt und das junge Mädchen herbeigeschafft hatten, wurde sie gezwungen, Akonitin einzunehmen, dessen Dosis täglich erhöht wurde. Nachdem auf diese Weise einige Wochen verstrichen waren, war sie von dem Gift ganz durchdrungen; da sie jedoch ganz langsam an das Gift gewöhnt worden war, blieb sie am Leben, erfreute sich bester Gesundheit und erstrahlte möglicherweise in noch größerer Schönheit als zuvor. Daraufhin ließ sie der Prinz in einen kostbaren Sari klei-

---

[1] Theophrast, II, S. 299–300. Dieser Unsinn wurde letztendlich von Ambroise Pare ungefähr 1900 Jahre später einigermaßen geradegebogen; wie aber in dem Abschnitt über ›Datura stramonium‹ zu sehen ist, lebte er bis zum Ende des 17. Jahrhunderts immer wieder einmal auf.

den, mit wertvollen Juwelen schmücken und als Geschenk an Alexander senden. Mit Sicherheit würde der Makedonier sterben, wenn er erst einmal soweit war, daß er sie küssen und liebkosen würde. Es sollte jedoch ganz anders kommen. Als die Schöne nämlich im Lager der Griechen eintraf, begegnete sie zuerst Aristoteles, der, klug und weise wie er war, natürlich sofort erkannte, daß Gift und nicht das lodernde Licht der Liebe die Augen dieser indischen Schönheit so bezaubernd und seelenvoll zum Flackern brachte – und Alexander kam noch einmal mit dem Leben davon![2]

Bedauerlicherweise hat man inzwischen herausgefunden, daß Aristoteles nie am Indienfeldzug teilgenommen hat, und was die mit Gift getränkte Jungfer angeht, so wäre die wohl auch recht ungefährlich gewesen – es mag zwar möglich sein, sich an so hohe Dosen Akonitin zu gewöhnen, die für andere, die nicht damit vertraut sind, unmittelbar tödlich wären; genausowenig wie man jedoch durch den intimen Kontakt mit nikotingeschwängerten Tabakrauchern stirbt, wird einen der Verkehr mit akonitingeschwängerten Schönheiten wohl nicht gleich dem Tode nahe bringen; nur wußte dies zur damaligen Zeit niemand. Eine wahrscheinlich klingende, aber auch makabre Geschichte findet sich in Plinius' »Naturgeschichte«, in der von Calpurnius Bestia, einem römischen Blaubart, berichtet wird, der eine Ehefrau nach der anderen dadurch zur Strecke brachte, daß er, während sie schliefen, ihre Geschlechtsteile mit

---

[2] Cf. Fr. Moths ›Aristolessagnet eller Elskovs Magt‹, Kopenhagen 1916, S. 153 ff. Im Deutschen siehe dazu Wilhelm Hertz, ›Die Sage vom Giftmärchen‹, Berlin 1905, und im Englischen N. M. Penzer, ›Poison-Damsels and Other Essays in Folklore and Anthropology‹, London, 1952.

Akonitin bestrich.[3] Der berühmteste geheimnisumwitterte Mord in der römischen Geschichte ereignete sich im Jahre 54 n. Chr., als der Kaiser Claudius auf mysteriöse Art und Weise starb. Der Geschichtsschreiber Tacitus beschuldigte damals die Gattin des Kaisers, Julia Agrippina, sie habe Claudius aus dem Wege räumen lassen, um damit ihrem Sohn aus einer vorangegangenen Ehe, Nero, auf den Thron zu verhelfen.[4] Es heißt, daß der erste Versuch, ihn mit einer Mahlzeit aus giftigen Pilzen umzubringen, bei dem alten Kaiser nur heftige Übelkeit verursachte; daraufhin strich man Akonitin auf die Feder, mit der sein Schlund gekitzelt wurde, um ihn, was immer ihm Beschwerden bereitete, erbrechen zu lassen. Das Akonitin wirkte, und der neue Kaiser hieß Nero. Locusta, der eigentlich für den Mord zuständig war, da er im geheimen Einverständnis mit Claudius' Leibarzt Stertinius Xenophon[5] die praktischen Vorbereitungen getroffen hatte, erhielt daraufhin noch weitere nervenkitzelnde Aufgaben, wie zum Beispiel die Vergiftung von Britannicus, Claudius Sohn, der neben Nero Kaiser gewesen war.

Im Mittelalter wurde der Sturmhut manchmal

> »...*prepaired in monkish cell*
> *To thin the scarlet conclave of old men*«,

und sogar ein Papst, Hadrian VI., wurde angeblich damit vergiftet. Auch Mohammed wurde beinahe ein Opfer davon – zumindest behaupten das manche. Zeinab,

---

[3] Plinius, XXVII, 4 (Bd. 7, S. 391).
[4] ›Die Annalen des Tacitus‹, XII, S. 66–67.
[5] Sein Name, mit dem Zusatz ›philoneron‹, was soviel wie Neros Freund heißt, steht immer noch über einer Statue geschrieben, die im Heiligtum des Äskulap auf der Insel Kos in der Ägäis zu finden ist.

ein junges Judenmädchen, dessen Vater und Bruder der Prophet umgebracht hatte, gelangte als Dienstbotin verkleidet in sein Haus, wo sie ihm ein Stück Fleisch feilbot, das mit Akonitin präpariert war. Mohammed, höflich wie er war, bot es einem Gast an, der, kaum als er davon gegessen hatte, starb. Die Bestürzung war groß, und Zeinab, die sich so verräterisch wie das Tier des folgenden Reimes verhalten hatte:

> »*Cet animal est très méchant,*
> *Quand on l'attaque il se défend!*«

wurde den Verwandten des betreffenden Gastes ausgehändigt und zu Tode gesteinigt.[6] Diese vollkommen unfundierte Geschichte bildet wahrscheinlich den Ausgangspunkt zu dem durch nichts beweisbaren, bösartigen Ruf als Giftmischer, der während des Mittelalters bedrohlich über den Juden schwebte. Vor gar nicht allzu langer Zeit, 1942, feierte die Geschichte von Zeinab ihre Auferstehung: neu aufpoliert und ausgeschmückt war sie bei Rundfunkübertragungen in die arabischen Länder in Goebbels Propagandareden zu hören.

Ein weiser Mann behauptete einmal, daß die Geschichte der Giftpflanzen auch die Geschichte der Heilmittel sei. Während des Ersten Weltkrieges verwendeten die zentralen Mächte Akonitin als Ersatz für den ausbleibenden Nachschub an Morphium. Das Gift ist hie und da noch in der Homöopathie als Herz- und Kreislaufaktivierungsmittel in Gebrauch, im großen und ganzen sieht es jedoch so aus, daß die Ärzte seit jeher Angst vor dem Mittel hatten. Die meisten von ihnen

---

[6] Detailliertere Versionen davon geben Mathison (1958), S. 140 und Bergmark (1967), S. 23.

stimmten somit mit Leonard Fuchs überein, der 1543 schrieb, »obwohl Dioscorides behauptet, daß Akonitin äußerlich bei entzündeten Augen angewendet werden kann, ist es doch am ratsamsten, solche gefährlichen Kräuter in Ruhe zu lassen.«[7] Wir müssen ihm da recht geben, da sich jeder, der sich an Akonitin vergiftet, in Gefahr begibt; es gab und es gibt bis zum heutigen Tag kein wirksames Gegengift. Zum Glück wird das Gift sehr schnell im Körper abgebaut; wenn während dieses Vorganges die Atmung des Vergifteten künstlich aufrechterhalten werden kann, ist die Gefahr gebannt.

Es gibt viele verschiedene ›Aconitum‹-Arten, aber keine, die in Dänemark wild wächst. ›Aconitum septentrionale‹ kommt in Norwegen und Schweden vor, und da ›Aconitum napellus‹ schon früh mit den Mönchen nach Dänemark gelangte, ist anzunehmen, daß die skandinavischen Hexen eine oder sogar beide Arten kannten und sie in ihren Flugsalben verwendeten, mit denen sie sich vor ihren Reisen zum Sabbat einrieben. Leider wurde Sturmhutgift auch noch für andere, weniger unschuldige Zwecke verwendet: es wurde in Liebestränke gemischt, wobei die Dosierung schwierig zu bestimmen war, da der Giftgehalt von Pflanze zu Pflanze beträchtlich variiert; nur allzu leicht konnte es deshalb passieren, daß das Opfer, das eigentlich nur bezaubert werden sollte, verrückt wurde oder starb.

Man sollte meinen, daß die meisten Gartenbesitzer es ablehnen würden, so eine gefährlich giftige Pflanze wie A. napellus in ihren Blumenbeeten wachsen zu lassen. Dem ist jedoch weit gefehlt! In dänischen Gärten ist sie eine weit verbreitete Zierpflanze – vielleicht hat sie sich unter ihren verschiedenen Decknamen wie ›Venuswa-

[7] Fuchs (1543), Kap. XXX.

gen‹, ›Mönchskapuze‹, ›Königskutsche‹, ›Eisenhut‹ eingeschlichen. Gleich unter welchem Namen sie auftaucht, so ist doch immer Vorsicht geboten; andernfalls mag einen vielleicht dasselbe Schicksal ereilen wie kürzlich die Mitglieder einer Familie irgendwo in Europa (vielleicht in Antwerpen?), die allesamt einen qualvollen Tod starben, nachdem sie einige Sturmhutblätter gegessen hatten, die versehentlich in die Gemüsebeilage einer gebratenen Ente gelangt waren.

Flugsalben

Selbst in der Antike konnten die Hexen schon fliegen. Unter anderem weiß man das durch Apuleius, dessen Held Lucius in erhebliche Schwierigkeiten gerät, als er versucht, es der Hexe Pamphilë gleichzutun, die er heimlich dabei beobachtet hatte, wie sie sich zuerst mit einer Salbe eingerieben hatte und dann in Gestalt einer Eule über die Dächer hinweg verschwunden war. Lucius wollte es natürlich Pamphilë nachmachen, erwischte dabei aber den falschen Salbentiegel, den ihm die Bedienstete in der Eile aus Versehen gegeben hatte, und wurde, nachdem er sich eingerieben hatte, nicht etwa in eine Eule, sondern den ›Goldenen Esel‹ verwandelt. Es kam jedoch selten vor, daß die Dinge einen so schlechten Ausgang nahmen. Die klassische Literatur, wie zum Beispiel Ovids »Metamorphosen« und Petronius' »Satyricon«, enthält genügend Darstellungen von Hexenflügen und den Vorbereitungen dazu, die ohne die geringsten Mißgeschicke über die Bühne gingen. Die Vorstellung, daß Hexen in der Gestalt von Eulen erscheinen konnten, war im Mittelalter sehr verbreitet, und in der italienischen Sprache ist auch immer noch ein merkwürdiges Andenken daran bewahrt geblieben: das heutige Wort für Hexe, ›strega‹, ist über das mittelalterliche lateinische Wort ›striga‹ aus dem klassischen lateinischen Begriff ›strix‹ abgeleitet, was ›Eule‹ bedeutet. Es scheint so, daß die Kirche ursprünglich noch während des Mittelalters diesen Aberglauben verworfen hatte, auf alle Fälle enthält aber der Canon episcopi[1] eine Anweisung für Bischöfe, achtzugeben auf »verbrecherische Weibsleute, die, durch die Vorspiegelungen und Einflüsterungen des Teufels verführt, glauben und bekennen, daß sie zu Nachtzeit mit der heidnischen Göttin Diana oder der Herodias und einer unzähligen Menge von Frauen auf gewissen Tieren reiten.« Zu Beginn des 15. Jahrhunderts schwenkte der Klerus auf einen neuen Kurs ein. Nach der Vernichtung ketzerischer Sekten läutete die Kirche mit Feuereifer ihren Kampf gegen die europäische Gemeinschaft der Hexen ein. Jede nur erdenkliche Aussage, die geeignet war, die Hexen in ein zwiespältiges Licht zu rücken, wurde vorbehaltlos akzeptiert, und die Auffassung, daß sie mit Hilfe des Teufels fliegen konnten, entwickelte sich in den folgenden Jahrhunderten zur unerschütterlichen Überzeugung, die nur einige wenige – am wenigsten jedoch die Hexen selbst – in Zweifel zu ziehen wagten.

Der »Tractatus de strigibus sive maleficis«, 1525, des Dominikaners Bartholomeus de Spina (1465–1546) enthält eine Geschichte, die ihm ein Verwandter, der Arzt Augustus de Turre von Bergamo, erzählt hatte und die das Fliegen aus der Sicht der Hexen schildert: Augustus von Bergamo hatte als junger Mann in Pavia studiert; eines Abends kam er so spät nach Hause, daß ihn auf sein

[1] Die folgende Darstellung basiert in der Hauptsache auf Soldan-Heppe (1880), Kiesewetter (1895) und Peuckert (1960) und (1967), sowie Robbins (1959). Das Zitat aus dem ›Canon episcopi‹ wurde von Soldan-Heppe übersetzt, I, S. 107. Die beiden rabiaten Hexenverfolger, die den ›Malleus maleficarum‹ schrieben, behaupteten, daß genau diese Passage aus dem ›Canon episcopi‹ »der Heiligen Kirche untragbaren Schaden zugefügt hat.«

Klopfen hin niemand mehr hörte oder die Tür öffnete. Er erklomm deshalb einen Balkon im ersten Stock und gelangte von dort durch ein Fenster ins Haus. Sofort machte er sich auf die Suche nach seiner Bediensteten, um ihr einen Verweis zu erteilen, fand sie jedoch regungslos und ohne Bewußtsein auf dem Boden ihres Zimmers liegend. Am folgenden Morgen versuchte er sie über den nächtlichen Hergang auszufragen, worauf sie jedoch nur antwortete, daß sie »auf einer Reise« gewesen sei.

An anderer Stelle desselben Werkes erzählt de Spina von einem Notar in Lugano, der eines Morgens seine Frau nirgends finden konnte. Er suchte das gesamte Gut, auf dem sie lebten, nach ihr ab und fand sie zu guter Letzt bewußtlos, nackt und verdreckt in einer Ecke des Schweinestalls liegend. Er durchschaute natürlich sofort, daß sie eine Hexe war, und wollte sie zunächst auf der Stelle töten, überlegte sich das Ganze dann aber noch einmal. Als seine Frau bald darauf wieder zu Bewußtsein kam und sah, wie hin- und hergerissen ihr Gatte war, fiel sie vor ihm auf die Knie und gestand, daß sie in der Nacht »auf einer Reise« gewesen sei.

Diese und ähnliche Geschichten lieferten den Hexenjägern die fadenscheinige Grundlage, aus der sie sich allmählich das Bild vom Hexensabbat zurechtbastelten, das wir aus zahllosen Büchern und Illustrationen kennen. Die Hexen begeben sich »auf die Reise« und fliegen zum Brocken, wo sie vom Teufel höchstpersönlich empfangen werden. Die Hexennovizen – häufig Kinder oder junge Leute – schließen sofort einen Pakt mit ihm, worauf sie das Hexenmal von ihm aufgeprägt bekommen; die alten Hexen küssen ihm, als Zeichen ihres fortgesetzten Pakts mit ihm, das Hinterteil. Diese Rituale werden gefolgt von Tanz und einem Festmahl, dessen Speisen und Getränke jedoch eher als leidlich zu bezeichnen sind; häufig sind sie schlecht oder ungenießbar. Während Tanz und Festmahl wird jeder Teilnehmer vom Teufel beschlafen, was angeblich eine recht unangenehme und schmerzhafte Erfahrung sein soll, da das Glied des Teufels überdimensional und eiskalt ist. Das Gelage findet dann seinen Höhepunkt in einer Orgie, bei der Hexen und Teufel, jung und alt, wahllos miteinander Geschlechtsverkehr haben. In diesen stereotypen Schilderungen findet sich manchmal die zusätzliche Beobachtung, daß die Hexen sich, bevor sie auf ihre Sabbat-Reisen gingen, mit einer Salbe einrieben, die sie entweder vom Teufel erhalten oder nach dessen Anweisungen zubereitet hätten.

Über diese geheimnisvolle Salbe sind schon viele Geschichten erzählt worden. Der »Malleus maleficarum« enthält die Geschichte einer Hexe, die im Verhör gestand, daß »wir es mit unseren Fallen vor allem auf ungetaufte, kleine Kinder abgesehen hatten, aber auch auf solche, die zwar getauft, aber nicht durch Gebete oder das Zeichen des Kreuzes geschützt waren... wir töten sie mit Hilfe von Beschwörungsformeln, wenn sie in der Wiege liegen oder sogar wenn sie an der Seite ihrer Eltern schlafen, so daß diese entweder glauben, ihr Kind versehentlich erstickt zu haben oder daß es einem anderen natürlichen Tod erlegen sei. Später holen wir sie dann heimlich aus ihren Gräbern und kochen sie so lange in einem Kessel, bis das Fleisch von den Knochen abgefallen und eine Brühe entstanden ist. Ein Teil dieser Brühe eignet sich sehr gut zum Trinken, und aus den eher festen Bestandteilen stellen wir eine Salbe her, die uns bei unseren Künsten, Vergnügungen und Reisen dienlich ist. Die Brühe bewahren wir in einer Flasche oder einem Weinschlauch auf, und jeder, der während bestimmter Riten davon trinkt, erlangt unmittelbar darauf große Weisheit und wird zum Anführer unserer Sekte.«[2]

Viele der Gelehrten, die sich in der zweiten Hälfte des 16. Jahrhunderts und später für die Flugsalben interessierten, fanden diese einfache und direkte Beschreibung unbefriedigend. Vielleicht dachte auch Sir Francis Bacon gerade an die obige Aussage, als er 1626, kurz vor seinem Tode, schrieb: »Es heißt, daß die Salbe der Hexen aus dem Fett von aus ihren Gräbern geholten Kindern gemacht sei, aus dem Saft von wildem Sellerie, Sturmhut und Fünffingerkraut, gemischt mit Mehl von feinem Weizen. Ich aber glaube, daß es schläfrigmachende Kräuter sind, mit denen sie die Wirkung erzielen, als da sind: Bilsenkraut, Schierling, Alraune, Mondraute, Tabak, Opium, Safran, Pappelblätter etc.«[3] Wie wir sehen werden, war dies nur zum Teil richtig. Bacons Zeitgenosse, der italienische Arzt Giambattista della Porta (1538–1615) hatte 1589 in seinem wichtigsten Werk, der »Magia naturalis«, eine Anzahl von Salben beschrieben, die alle »schläfrigmachende Mittel«, wie zum Beispiel Opium, Bilsenkraut und Schierling, aber auch Kinderfett enthielten! Die Hexe, der wir im »Malleus« begegnet sind, hatte zwar die eigentlich wirksamen Bestandteile ihrer Salbe unterschlagen, dafür aber hinsichtlich des Kinderfettes wohl nicht gelogen – es war häufig Bestandteil der Salbe, manchmal wurde mit dem beschönigenden Ausdruck »ein gewisses Fleisch« darauf hingewiesen. Fledermausblut, Schlangen und

[2] Malleus, Teil II, Qn. 1, Ch. 2.
[3] Sylva Sylvarum, Cent. X, Par. 975.

Kröten tauchen ebenfalls in den Salben auf, von denen jedoch nur die Kröte ein chemisch wirksames Gift, das Bufotenin, enthält.

Zwar ist aus der Zeit der Hexen eine große Anzahl von Hexensalben-Rezepten bekannt, aber nur wenige sind vollständig. Bei fast allen fehlen präzise Angaben darüber, in welchem Verhältnis die verschiedenen Zutaten gemischt werden sollten, und manche Rezepte enthalten entweder völlig inaktive oder nur sehr schwach wirksame Substanzen, die die Hexe auf ihrer »Reise« sicherlich nicht sehr weit gebracht hätten. Wenn wir einmal von den Rezepten absehen, die zu unvollständig sind, dann bleiben ungefähr 16 übrig, die relativ verläßlich sind. Sie sind in Werken zu finden, wie zum Beispiel im obigen von della Porta, in »De praestigiis daemonum et cantationibus, ac uenificiis« aus dem Jahre 1536, von Doktor Johann Weyer (1518–1588), in »De subtilitate rerum« aus dem Jahre 1550, von Gerolamo Cardano (1501–1576) und in »De la Lycanthropie, Transformation et Extase des Sorciers« aus dem Jahre 1615, von Jean de Nynauld. Versuche, die in neuerer Zeit von Karl Kiesewetter, Will-Erich Peuckert und anderen durchgeführt wurden, basieren meistens auf Rezepten aus diesen Werken. In der folgenden Liste sollen nun aus einer Auswahl von 16 Rezepten der obengenannten Autoren die Bestandteile – besser gesagt, die vermutlichen Bestandteile – wiedergegeben werden; die rechte Zahl zeigt dabei jeweils die Anzahl der Rezepte an, in denen der betreffende Bestandteil vorkommt.

Pflanzliche Bestandteile:

1. Wasserschierling, *Cicuta virosa* — 5
2. Gefleckter Schierling, *Conium maculatum* — 2
3. Sellerie, *Apium spp.* — 3
4. »Eleoselinum«, was bedeuten kann:
   a. Wilder Sellerie, *Apium graveolens*
   b. Petersilie, *Petroselinum spp.*
   c. Pastinak, *Pastinaca spp.*
   d. Gemeine Hundepetersilie, *Aethusa cynapkum*
   e. Wasserschierling, *Cicuta virosa* — 3
5. »Sium«, was bedeuten kann:
   a. Merk, *Sium spp.*
   b. Ehrenpreis, *Veronica spp.*
   c. Brunnenkresse, *Nasturtium officinale*
   d. Wasserschierling, *Cicuta virosa* — 2
6. Kalmus, *Acorus calamus* — 3
7. Wasser-Schwertlilie, *Iris pseudocorus* — 2
8. Teichrose, entweder
   a. Weiße Teichrose, *Nymphaea alba*, oder
   b. Gelbe Teichrose, *Nuphar luteum* — 1
9. Kriechendes Fingerkraut, *Potentilla reptans* — 8
10. Aufrechtes Fingerkraut, *Potentilla erecta* — 1
    (Blutwurz, Tormentillwurzel)
11. Sturmhut, *Aconitum napellus* — 7
    (Eisenhut)
12. Mohn, *Papaver spp.* — 4
13. Tollkirsche, *Atropa belladonna* — 8
14. Schwarzes Bilsenkraut, *Hyoscyamus niger* — 3
15. Schwarzer Nachtschatten, *Solanum nigrum* — 2
16. Alraune, *Mandragora officinarum* — 1
17. Stechapfel, *Datura stramonium* — 1
18. Wolfsmilch, *Euphorbia sp.* — 1

19. Giftiges Raygras, *Lolium temulentum*	3
20. Salat, *Lactuca spp.*	2
21. Portulak, *Portulaca sp.*	1
22. Pappel, *Populus spp.*	4
23. Öl	4
24. Weihrauch	1
25. Ruß	7

Tierische Bestandteile:[4]

| 1. Kinderfett | 6 |
| 2. Fledermausblut | 5 |

Bestimmung der Pflanzen

Wir haben hiermit eine einfache und klare Aufstellung gut bekannter Pflanzen wiedergegeben; für die vielen Experten, bei denen wir uns für die genaue Bestimmung dieser Pflanzen bedanken müssen, war die Arbeit allerdings nicht immer leicht, und es gelten auch noch nicht alle bis jetzt erzielten Ergebnisse als gesichert. Unsicherheit herrscht sogar in manchen Fällen noch über die Gattungsnamen, und bei vielen Kräutern ist eine exakte Bestimmung der Spezies nicht möglich.

Was **1.** den Wasserschierling und **2.** den Gefleckten Schierling betrifft, so ist mit Sicherheit bekannt, daß in früheren Zeiten zwar eine Unterscheidung zwischen den beiden gemacht wurde, daß man aber beiden dieselben Wirkungen zuschrieb und auch ihre botanischen

[4] Soviel man weiß, sind Kinderfett und Fledermausblut chemisch inaktive Substanzen, auf die deshalb in einem Buch über Hexenkräuter nicht näher eingegangen zu werden braucht. Der interessierte Leser soll jedoch hiermit auf Hovorka und Kronfeld (1908–09) verwiesen werden, wo diese und andere tierische Substanzen beschrieben werden.

Namen je nach Lust und Laune untereinander vertauschte.

3. Mit ›Sellerie‹ ist wohl der wilde Sellerie, Apium graveolens, gemeint, gleichzeitig wird die Bezeichnung ›Apium‹ aber auch häufig für **5.** ›Sium‹ verwendet, was wiederum, wie aus unserer Liste ersichtlich wird, zur Bezeichnung vier verschiedener Pflanzen dienen kann; meistens ist jedoch der Merk damit gemeint.

4. ›Eleoselinum‹ bezieht sich in den meisten Fällen auf eine Sellerieart, kann aber auch, wie wir gezeigt haben, der Name für mindestens vier weitere Pflanzen sein.

6. Beim Kalmus, ursprünglich in Indien beheimatet, besteht die Schwierigkeit darin, daß man nicht mit Sicherheit bestimmen kann, ob er erst während der ersten Hälfte des 16. Jahrhunderts oder schon viel früher[5] nach Europa gelangte und ab welchem Zeitpunkt er in den Salben auftaucht.

7. Es kann sein, daß in manchen Fällen die Schwertlilie damit gemeint war.

Die Möglichkeit der Verwechslung zwischen **9.**, dem Kriechenden Fingerkraut, und **10.**, dem Aufrechten Fingerkraut, kann nicht ausgeschlossen werden.

8. Mit Teichrose kann entweder die weiße oder die gelbe Sorte gemeint sein.

11. Die Identifikation des Sturmhuts gilt in den meisten Fällen als gesichert, allerdings muß die Möglichkeit einer Verwechslung mit dem Hahnenfußgewächs ›Ranunculus Thora‹, das vor der Zeit Linnés ›Aconitum pardalianches‹ hieß, in Betracht gezogen werden.

12. Mohn kann entweder Schlafmohn, Papaver somniferum, oder Klatschmohn, papaver rhoeas, bezeich-

---

[5] Vgl. Nielsen (1965), S. 92.

nen – in einem der Rezepte, mit denen wir uns hier befassen, sind beide Mohnarten enthalten.

13. Klarheit herrscht meistens über die Tollkirsche, allerdings wurde der Linnésche Name manchmal auch zur Bezeichnung der Alraune gebraucht, was also die Gefahr einer Verwechslung mit sich bringt. Möglicherweise besteht diese Gefahr auch hinsichtlich anderer Nachtschattengewächse, mit denen die Tollkirsche ursprünglich den Gattungsnamen, Solanum, teilte.

14. Die Identifikation von Bilsenkraut gilt in allen Fällen als gesichert.

Für **15.**, den Schwarzen Nachtschatten, und **16.**, die Alraune, trifft dasselbe wie für die Tollkirsche zu.

Bei **17.**, dem Stechapfel, sollte noch hinzugefügt werden, daß sich während einer kurzen Zeitspanne (höchstwahrscheinlich nur während des 18. Jahrhunderts) der Name ›Datura stramonium‹ nicht nur auf den Stechapfel bezog, sondern manchmal auch auf die Stechpalme, Ilex aquifolium, und den Gartenbalsam, Balsamina hortensis.

Über **19.**, das giftige Raygras, bestehen keine Zweifel, dagegen können, wie schon aus unserer Liste ersichtlich wird, **18.**, die Wolfsmilch, und **20.**, Salat, nicht näher spezifiziert werden. Bei Salat kann es sich sowohl um Kopfsalat aus dem Garten, Lactuca sativa, handeln, als auch um eine giftige Art, L. virosa, oder andere wildwachsende Sorten.

Ebenso herrscht Unklarheit über **21.**, den Portulak, und **22.**, die Pappel. Möglicherweise ging es dabei weniger um die Frage, ob die Blätter oder aber die Triebe der Pappel zu verwenden waren, sondern eher darum, daß die Blätter einer ganz bestimmten Pappelart, Malva Sp., genommen wurden, die im Deutschen unter dem Namen Pappel oder Poppel bekannt war – und die als Hexenkraut gilt.

23. Öle wurden entweder aus Hülsenfrüchten oder anderen Pflanzen gewonnen, gleichzeitig steht die Bezeichnung in manchen Rezepten sicherlich beschönigend anstelle von Kinderfett.

24. Weihrauch kann aus Wacholder, Juniperus Sp., hergestellt werden, der bei den Hexen als heiliger Strauch galt und einst dem Gott Thor geweiht war.

25. Bei Ruß handelt es sich um ganz gewöhnlichen Ruß.

Die Wirkungen der Pflanzensubstanzen

Der bekannte Experte für Magie und Hexenkunst, Dr. Karl Kiesewetter, der als einer der ersten in neuerer Zeit mit Hexensalben experimentierte, erlag bei einem seiner Experimente tödlichen Vergiftungen. Welches Gift dabei ausschlaggebend war, ist nicht bekannt, bei näherer Betrachtung unserer Pflanzenliste werden wir jedoch feststellen, daß mehrere Pflanzen davon, in genügend hoher Dosis eingenommen, tödlich wirken. Einige von ihnen – so zum Beispiel der Sturmhut – können schon durch rein äußerliche Anwendung gefährlich werden. Daraus könnte man den Schluß ziehen, daß die Hexen, jedes Mal, wenn sie sich mit diesen Salben einrieben, ihr Leben aufs Spiel setzten; es gibt jedoch keinen Beweis dafür, daß jemals eine von ihnen dabei in Schwierigkeiten geriet. Sicherlich hängt dies damit zusammen, daß nur den Hexen die Herstellung der Salben anvertraut wurde, die ihre Pflanzen so gut kannten, daß von vornherein jedes Risiko ausgeschlossen war.

Wir werden im folgenden nicht weiter als es in den vorausgegangenen Kapiteln bereits geschehen ist, auf die chemischen Komponenten oder deren Kombination in den Salbenkräutern eingehen – es erscheint deshalb nicht notwendig, weil genügend Information darüber bereits in pharmakologischen Handbüchern zur Verfügung steht. Darum genügt es, zu sagen, daß die meisten der Kräuter chemisch aktive Substanzen verschiedenster Art enthalten. Einzeln verwendet, entwickeln diese Pflanzen muskelentspannende, beruhigende oder einschläfernde Wirkungen, und einige von ihnen – so zum Beispiel Mohn oder Stechapfel – erzeugen gleichzeitig Halluzinationen. Zu alten Zeiten galten manche der Pflanzen auch als Aphrodisiaka; nach Peuckert (1960) traf dies auf Sellerie und Petersilie zu, aber auch auf andere Doldengewächse, wie zum Beispiel die Wilde Möhre, Daucus carota, vor allem wenn sie eine gut ausgebildete, aromatische Pfahlwurzel besaßen. Einige der Doldengewächse, bezeichnet mit ›Eleoselinum‹ und ›Sium‹, gehören ebenso wie Schwertlilie und Wolfsmilch zu dieser Gruppe von Pflanzen; Wolfsmilch und Schwertlilie standen beide in dem Ruf, ›Lust und Liederlichkeit‹ zu erzeugen. Die Wolfsmilch enthält dazuhin noch eine scharfe, milchige Flüssigkeit, die möglicherweise die Absorption der Salbe durch die Haut bewirkt hat. Von Pflanzen, die diese milchige Flüssigkeit enthalten – und von denen wir einige auf unserer Liste stehen haben –, glaubte man, daß sie vor allem auf Frauen eine geheimnisvoll stärkende Wirkung ausübten; einige dieser Pflanzen entfalten zusätzlich noch beruhigende und muskelentspannende Eigenschaften. Die Kalmuswurzel wurde zwar ebenfalls als Aphrodisiakum benutzt, jedoch bestehen Zweifel, ob dies der Grund für ihre Verwendung in den Salben war. Es entsteht der Eindruck, daß eigentlich fast überreichlich

Aphrodisiaka in den Salben enthalten waren, sie waren aber wahrscheinlich alle als Gegengewicht zu den beiden Teichrosenarten nötig, die nach Henrik Smid, 1923, »die sexuellen Gelüste, die in jedem Menschen lebendig sind, völlig auslöschen«. Vom Aufrechten und Kriechenden Fingerkraut nahm man an, daß es nächtliche Visionen verstärke. Fingerkraut und Malve sind fünfzählige Pflanzen und gelten von daher als magisch. Was das giftige Raygras, das ›biblische Unkraut‹, und Shakespeares »giftiges Raygras und alles unnütz' Kraut, das im lebensspendend' Kornfeld wächst« in den Salben zu suchen hatte, ist auf den ersten Blick nicht ganz einsichtig. Man weiß, daß seine Samen giftig sind und Schwindelgefühle erzeugen, große Mengen davon erzeugen Lähmungserscheinungen, und wahrscheinlich liegt hierin die beabsichtigte Wirkung. Salat, vor allem die giftigen Sorten, wirkt bis zu einem gewissen Grad ähnlich wie Mohn und beschert einem angeblich angenehme Träume. Wie von Simon Paulli zu erfahren ist, »unterdrückt Portulak den übermäßigen Drang nach geschlechtlicher Vereinigung bzw. dem ›natürlichen Akt‹, und verschont einen auch vor den Träumen, die man von diesen Spielereien hat.« Es ist schwierig zu sagen, welche Rolle er als Salbenbestandteil spielt. Die Pappelblätter wiederum fanden auch Eingang in Sir Francis Bacons Aufzählung ›einschläfernder Pflanzen‹, und aus ihren frischen Knospen stellte man eine duftende Salbe her.

Die meisten Hexensalben-Forscher sind sich darüber einig, daß für die verschiedenen Phasen einer Sabbat-Erfahrung vor allem die einzelnen chemischen Inhaltsstoffe dieser Pflanzen verantwortlich sind. »Die Hexensalben sind deshalb wahrscheinlich vor allem vom

Standpunkt der Psychopharmakologie aus interessant«, meint Leuner (1968, S. 90), »weil wir es hier mit einer auf der ganzen Welt einmaligen Technik zu tun haben, eine toxische Ekstase zu erzeugen, in der ganz bestimmte Erfahrungswerte durch eine kunstvolle psychopharmakologisch wirksame Mischung hervorgerufen werden.«

Diese Kunst wurde von den Hexen meisterhaft beherrscht; sie wußten damals schon, daß jede einzelne chemische Komponente der Salbe auf andere Stoffe durch das, was wir heutzutage Katalyse nennen, einwirkt; und sie wußten außerdem genau, in welcher Form und in welcher exakten Dosierung sie speziell die Kräuter verwenden mußten, deren chemische Verbindung wiederum genau die Wirkungen hervorbrachte, die sie mit den Salben beabsichtigten. Soldan warf die Frage auf, ob es Salben gab, die notwendigerweise bei allen, die sie anwendeten, ein und dieselbe Wirkung erzielten. Bei Salben, die zum Hexenflug und Sabbat verwendet wurden, war dies allem Anschein nach der Fall. Die Kunst der genauen Zusammenstellung der Salben nahmen die Hexen jedoch mit ins Grab, oder, wenn man so will – auf den Scheiterhaufen. Heutzutage ist nämlich kein einziges Rezept bekannt, von dem man sagen könnte, daß seine einzelnen Bestandteile eindeutig bestimmbar wären, daß die chemisch wirksamen Inhaltsstoffe aller Zutaten geklärt seien oder daß die exakte Mengenangabe jedes einzelnen Bestandteils feststehe.

Die Versuche, die in der heutigen Zeit mit Hexensalben gemacht wurden, sind infolgedessen bis jetzt von sehr begrenztem Wert geblieben, und jeder, der versucht hat, dem Geheimnis der Salben auf die Spur zu kommen, wurde dabei mit einer weiteren unüberwindlich erscheinenden Schwierigkeit konfrontiert, die unter anderem Wagner (1970) folgendermaßen formuliert: »Heutzutage ist unter den Lebenden ja niemand mehr in der Lage nachzuvollziehen, was die Hexen fühlten und dachten, als sie sich mit der Salbe einrieben und ›auf eine Reise‹ begaben. Die Ausgangssituation, sowohl in kultureller als auch in physischer und psychischer Hinsicht, kann niemals mehr dieselbe wie damals sein.«[6] Darin liegt wohl auch der Grund, weshalb Kiesewetter, Peuckert und andere Forscher, die Selbstversuche durchführ(t)en, zu Sabbaterlebnissen gelangen, die einer Karikatur nicht unähnlich sind. »Traumartig erlebten wir zuerst wilde, aber doch beherrschte Flüge, daraufhin ausgelassene Gelage, ähnlich dem wirren Durcheinander der alljährlichen Jahrmärkte, und zu guter Letzt ergingen wir uns in erotischen Zügellosigkeiten«, weiß Peuckert (1967) nach einem Selbstversuch zu berichten, den er zusammen mit einem Freund 1927 mit einer Salbe nach della Portas Rezeptur durchgeführt hatte.

Wenn die Sabbat-Reisen wirklich stattgefunden haben – und Forschungen in Folklore und Geschichte scheinen dies zu bestätigen – und wenn wir uns weigern zu glauben, daß Tausende von Hexen in Europa, die sich zu ganz bestimmten Zeiten des Jahres aus eigenen freien Stücken (und mit dem Risiko der Folter, des Scheiterhaufens und der ewigen Verdammnis) mit Salbe

[6] So manche Hexe des Mittelalters hat wohl ab und zu an Ergotismus (Mutterkornvergiftung, Anm. d. Übers.) oder am ›Antonius-Feuer‹ gelitten. Mutterkornvergiftung breitete sich gelegentlich epidemieartig aus, war aber sonst immer in den Teilen Europas beheimatet, in denen Brot aus Roggen das Hauptnahrungsmittel war. Bei Experimenten in der heutigen Zeit scheint diese Tatsache außer acht gelassen worden zu sein.

einrieben und »auf eine Reise« gingen, dies nur taten, um dann Szenen voll Grauen und Entsetzen zu erleben, dann müssen wir letztendlich auch den Schritt vollziehen, der uns zu der Überzeugung gelangen läßt, daß die Sabbate in Wirklichkeit anders gewesen sein müssen, als wir bis jetzt immer zu hören bekamen. Wenn wir die Geständnisse der Hexen einmal näher betrachten, so ist vor allem auffällig, daß sie in ihrer Terminologie zwar variieren, letztendlich aber fast immer dasselbe allgemeine Bild liefern. Es wurde behauptet, daß es sich hierbei um die Phantasiegebilde, die sich die Untersuchungsrichter vom Sabbat machten, handelte, die wiederum in den Versuchen der malträtierten Hexe, die Worte ihrer Quäler nur nachzusprechen, ihren Ausdruck finden. Es ist aber auch vorstellbar, daß die einander völlig identischen Geständnisse von vornherein ein abgekartetes Spiel der Hexen waren. Aus dem heutigen Blickwinkel ist es durchaus denkbar, daß Parodien dieser Art das Mittel waren, mit dem sie die Geheimnisse ihres Sabbats und ihrer Religion bis zum bitteren Ende schützen konnten.

Diese Vermutung wird noch durch die Beobachtung erhärtet, daß in den Prozeßakten die Sabbatberichte nur dann sehr drastisch voneinander abweichen, wenn Kinder oder Jugendliche verhört werden. Eine junge französische Hexe sagt vor Gericht aus, daß »der Sabbat das wahre Paradies ist, in dem größere Freuden auf einen warten, als man je beschreiben kann. Jene, die dorthin gehen, werden finden, daß die Zeit zu kurz ist, um all die Freuden und Glückseligkeiten auszukosten, und so werden sie den Ort in Trauer und der Sehnsucht nach Rückkehr verlassen.« Eine andere junge Hexe erklärt, daß der Teufel ihren Willen und ihr Herz so stark beherrsche, daß sie wohl nie wieder an jemand anderem Gefallen finden werde und daß die Vergnügungen des Sabbats nur ein Vorgeschmack auf noch viel größere Freuden seien. Eine dritte, die 16 Jahre alte Schottin Gillie Duncan, beschreibt den Sabbat als idyllisches Picknick im Mondlicht, ähnlich dem, was man vielleicht erwarten würde, folgte man der kindlichen Aufforderung:

> »Jungen und Mädchen kommt heraus zum Spiel
> Der Mond scheint so hell wie der Tag!«

Möglicherweise hatten diese jungen Leute noch keinen Stillschweige-Eid geleistet und waren auch noch nicht von älteren Hexengenossinnen darin unterwiesen worden, was sie in solch kritischen Situationen erzählen sollten. Denkbar ist aber auch, daß sie es einfach nicht geschafft hatten, über die wirklichen Vorkommnisse zu schweigen, und deshalb im Verhör so viel sie eben wußten aussagten.[7]

Der Sabbat – Traum oder Wirklichkeit?

Der englische Pharmakologe A. C. Clark, der einige der Salbenrezepte untersuchte, schrieb 1921: »Unregelmäßiger Herzschlag beim Einschlafen erzeugt das allseits

[7] »Ein Junge kommt zusammen mit seiner Mutter nach Tromskirke, einer von beiden reitet auf einer Brotschaufel, der andere auf einem Besenstiel; sie trafen auf einen schwarzen Mann, der sanft aussah, zu jedem freundlich sprach und, während er aus einer Flasche Wein ausschenkte, die Menschen viele Dinge lehrte.« (E. T. Kristensen, ›Jyske Folkeminder‹, – die Folklore Jutlands – VII, S. 262. 446 ff.) Diese Volkserzählung erinnert auch an einen Sabbatbericht von einem Kind. Ein weiteres bemerkenswertes Beispiel findet sich in Fr. Hammerichs ›Skandinaviske Reiseminder‹ (Skandinavische Reiseerinnerungen) in ›Brage og Ydun‹ (1839), S. 369–81.

bekannte Gefühl des jähen Fallens durch den Raum, und es erscheint durchaus möglich, daß eine Kombination aus einem Halluzinogen, wie zum Beispiel Belladonna, und einer Droge, die unregelmäßigen Herzschlag zu erzeugen vermag, wie zum Beispiel das Akonitin, das Gefühl des Fliegens hervorbringen kann.«[8] Jeder Pharmakologe, der heutzutage Dr. Clarks Theorie erneut untersuchen würde, käme wohl zu denselben Ergebnissen, aber letztendlich wird dadurch in Wirklichkeit nicht mehr ausgesagt, als wir nach der Lektüre von de Spinas »Zwei Hexen auf ihren Reisen« sowieso schon wissen.

In der Gesta Danorum (Die Dänen und ihre Gebräuche) ist ein Bericht über die geheimnisvollen Reisen norwegischer Lappen zu lesen, die sich in weit entfernte Gebiete begeben, um auszukundschaften, wie es dort um die Dinge bestellt sei.

Die Hexen behaupteten, daß sie »im Geist« am Sabbat teilnahmen, während ihre vorübergehend leblosen Körper zu Hause blieben. Spiritualisten behaupteten schon seit langem, daß sich der sogenannte Astralleib des Menschen auf Reisen begeben könne, während der sichtbare Körper bleibt, wo er ist. Erzählungen von magischen Reisen erreichen uns aus allen Religionen, Zeitaltern und allen Teilen der Welt; der dabei beschriebene Vorgang scheint jedoch grundsätzlich immer derselbe zu sein, gleich aus welchem Zeitalter oder Kulturbereich er stammt.

Heutzutage werden die Reisen der Hexen und ihr Sabbat für gewöhnlich als etwas betrachtet, das sich nicht in dieser Wirklichkeit zugetragen hat. Mit der

[8] In einem Appendix zu Murrays ›The Witch-Cult in Western Europe‹ (1921)

Hilfe von Salben stellten die Hexen den Kontakt zu einer Welt außerhalb dieser Wirklichkeit her, hörten Stimmen, sahen Geister und konnten hinterher – gefesselt in schwarzen Aberglauben – nicht fassen, daß alles nur ein rauschartiger Traum gewesen war. Unter Wissenschaftspionieren war diese Sichtweise schon im 16. Jahrhundert verbreitet; wenn es uns heutzutage schwerfällt, diese Sicht wieder aufzugeben, dann deshalb, weil wir dann nämlich gleichzeitig wieder gelten lassen müßten, was wir seit einiger Zeit ablehnen – die alte Auffassung von der Dualität zwischen Körper und Seele, die Auffassung, daß Körper und Seele zwei unabhängige, sich gegenseitig beeinflussende Einheiten sind und daß die Seele unabhängig vom Geist existiert und funktioniert. Aber wir leben ja in einer Welt, in der schon ein wissenschaftliches Gesetz nach dem andern ins Wanken geraten ist oder völlig über den Haufen geworfen wurde, und die neuesten Untersuchungen der Parapsychologie zeigen, daß unsere bisherigen Auffassungen von der Beziehung zwischen Geist und Seelenleben nicht ausreichen, um für eine ganze Anzahl von Phänomenen Erklärungen liefern zu können; von daher gesehen muß dieses Verhältnis wohl neu überdacht werden. Es wäre nicht verwunderlich, wenn dies dazu führen würde, daß wir in Zukunft plötzlich einsehen müßten, daß Hexenflug und Hexensabbat auch wirklich stattgefunden haben, wenn auch vielleicht auf einer Ebene, die wir bis jetzt noch nicht auszukundschaften vermochten.

Secale cornutum

LSD 25

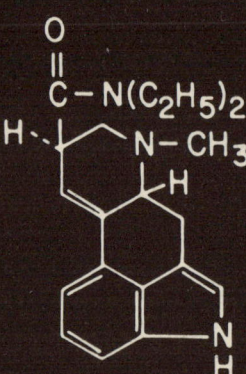

Anhang: Dean Latimer Mutterkorn und Roggenbrot

SD-25 wird aus einer auf Roggen wachsenden Pilzart, dem Mutterkorn oder ›Claviceps purpurea‹, gewonnen. Es bildet die 25. Substanz in der Reihe der Lysergsäure-Abkömmlinge, die von Dr. Albert Hofmann in den Schweizer Sandozlaboratorien aus dem Mutterkorn entwickelt wurde.

Nachdem er im Jahre 1943 zufällig eine kleine Menge davon durch die Fingerspitzen absorbiert hatte und daraufhin ganz überraschend auf einen Trip befördert wurde, taufte er den Stoff mit den ›pound-shilling-pence-Initialen‹ (£-s-d); dieser Name ist wohl inzwischen den meisten von uns recht gut bekannt. Ursprünglich hatte das Mutterkorn der Wissenschaft zur Herstellung einer ganzen Reihe von Arzneien gedient, wie zum Beispiel dem Histamin (zur Einleitung von Wehen), dem Methergin (um Blutungen im Uterus zu stillen) und dem Hydergin (um der Alterssenilität entgegenzuwirken). Für die meisten Leute war das Mutterkorn jedoch nur ein eklig unangenehmer Pilz, der gelegentlich eine Roggenernte zunichte machte, so daß sie weder verkauft noch zum eigenen Verbrauch genommen werden konnte.

Wie in der Encyclopedia Britannica nachzulesen ist, handelt es sich bei ›Claviceps purpurea‹ um »einen Askomyzeten bzw. Schlauchpilz, der in die von ihm befallenen Roggenähren einen süßlichen, gelben Schleim absondert, der nach einiger Zeit wieder verschwindet. Danach hört die Ähre auf zu wachsen, verliert ihre Stärke, und das Pilzgeflecht, das dann im Herbst das Sklerotum bildet, durchdringt mehr und mehr die Fruchtknoten«; mit anderen Worten, das Mutterkorn dringt so geschickt in den Roggen ein und nimmt von ihm Besitz, daß dessen äußeres Erscheinungsbild bis auf ein paar vereinzelte, phallusartige Auswüchse aus gräulich-purpurfarbenem Pilzgewebe unverändert bleibt. Nur aufgrund von Erfahrungen aus früheren Zeiten konnte man den Unterschied feststellen zwischen einem durch Mutterkorn und einem nur durch starke Witterungseinflüsse geschädigten Getreide.

Die einzelnen Erscheinungsformen von Claviceps purpurea sind äußerst vielfältig und können einen auch so manches Mal in die Irre führen. Aber obwohl es ungefähr 20 verschiedene Arten von Mutterkorn gibt, wo immer in der Welt Roggen angebaut wird, bleibt es doch ein recht seltener Parasit, der nur unter einer ganz bestimmten Abfolge von Witterungseinflüssen entsteht – er braucht ein verregnetes Frühjahr, in dessen Verlauf er auf dem jungen Roggen zu keimen beginnt, einen windigen Sommer, der für die gleichmäßige Verteilung der Sporen auf die neuen Wirtspflanzen sorgt, und feuchtes Wetter für die Erntezeit, das bewirkt, daß sich der Pilz fest auf der Pflanze einnisten kann. Einem von der Landwirtschaft lebenden Bauern wird das Mutterkorn nur ein- bis zweimal in einer Generation begegnen – wenn überhaupt –, aber einmal würde ja schon genügen. Noch vor einigen Jahrhunderten ernährten sich die Europäer hauptsächlich von Roggen. Während er im Mittelmeerraum unbekannt war, war er für die Teutonen das Haupternteprodukt und gelangte im dunklen Zeitalter der Völkerwanderungen der Barbaren zusammen mit den Wandalen und Westgoten nach Deutschland und Frankreich. Für die Armen war er praktisch das einzige Nahrungsmittel – die Bauern ernährten sich hauptsächlich von Roggen, Roggenbrot, Roggenpudding, Roggenbrei, Roggenpfannkuchen. Unterernährt wie sie waren, waren sie natürlich besonders anfällig für Rachitis und ständig von Spulwürmern geplagt, gleichzeitig jedoch über jede Getreideernte im Herbst von unsäglicher Dankbarkeit erfüllt.

Wenn die Roggenernte im August auch nur annähernd gut ausgefallen war, so zollten dies die Bauern der Mutter Korn, d. h. derjenigen, »die das Korn zum Wachsen bringt«, mit eindeutig heidnischem Tribut. Die letzte noch verbliebene Roggengarbe wurde von der Gemeindeältesten mit einem weißen Brautkleid herausgeputzt und unter Musizieren und Trinken durch die Stadt getragen. Denjenigen, der zuletzt den Roggen schnitt – der Sohn des Mutterkorns –, band man nackt in die Garbe ein und drosch vorsichtig den Roggen um ihn herum aus. Stand es jedoch schlecht um das Getreide auf dem Feld und sah es verkümmert aus, so änderte man das Zeremoniell ab. Die Alten spürten den Unterschied wohl instinktiv, wenn sie auf das rötlich gefärbte, mißgestaltete Korn, das sich im Wind wiegte, zeigten und dabei die Kinder warnten: »Da drin sitzt der Wolf und wird dich in Stücke reißen.« Bei der Ernte hieß es von demjenigen, der die letzte Garbe einbrachte, daß er »den Wolf töte«, wozu er, auf allen Vieren kriechend, wie ein Wolf heulen und wild um sich beißen mußte. Bei einem schlechten Jahr wußten die Leute spätestens dann, wenn die letzte Garbe geerntet war, daß im Korn der Horror auf sie wartete.

Die Bauern sammelten den allerersten Roggen, der aus dem Schnitter fiel – das Kümmelkorn –, um ihn nach kurzem, leichten Dreschen zu backen. Auch wenn der Teig grau aussah und nach Fisch roch, so »mußte« er trotzdem gegessen werden – mit dem Resultat, daß die gesamte Stadt, ganze Familien auf einmal in einem gellenden Inferno landeten.

Die Mutterkornvergiftung konnte sowohl akut als auch chronisch verlaufen; die akute Form, ›Ergotismus gangraenosus‹, die vor allem in Frankreich vorkam, hieß beim Volk ›le mal des ardents‹. Der Erkrankte wurde zuerst von Mattheit, Rückenschmerzen und geistiger Benommenheit befallen, und nach kurzer Zeit durchzuckten abwechselnd Eis- und Feuerströme seine Hände und Füße, während sich seine Haut gelblich verfärbte. Als nächstes verfärbten sich dann die Füße häufig bis hoch zu den Knien kohlrabenschwarz, fühlten sich trocken wie Pergament an und fielen zu guter Letzt genau am Gelenk ab. Nach dieser ersten Eis-und-Feuerstrom-Attacke verlief die Krankheit auf gespenstische Weise schmerzlos. So wird von einer Frau berichtet, »die, als sie auf einem Esel zum Hospital ritt, an einem Strauch anstieß, wobei ihr Bein oberhalb des Knies abfiel, das sie dann auf ihren eigenen Armen zum Hospital trug«.

Die chronische Form der Mutterkornvergiftung, ›Ergotismus convulsivus‹, trat vor allem in Deutschland unter der Bezeichnung ›Nervenkrankheit‹ in Erscheinung. Der konvulsive Ergotismus gleicht der Epilepsie: die Gliedmaßen krampfen sich zusammen, die Muskeln arbeiten unkoordiniert gegeneinander, die Hände ballen sich zu Fäusten, die Zunge ragt aus dem Mund, und das ganze Gesicht ist verzerrt; zusätzlich überfallen den Betroffenen heiße und kalte Schauder sowie Leibkrämpfe mit starkem Würgereiz. Diese Anfälle kehren wochen- und monatelang jeden Tag wieder und dauern manchmal stundenlang an; »von der Epilepsie nur dadurch zu unterscheiden, daß die Betroffenen während der Anfälle bei Bewußtsein bleiben«, läßt eine Enzyklopädie des 19. Jahrhunderts verlauten.

Wie aus dem Tagebuch des Dr. Samuel Sewall zu erfahren ist, war das Frühjahr des Jahres 1691 in Salem, Massachusetts, feucht gewesen; der Sommer war zwar heiß und windig gewesen, zur Erntezeit wurde das Wetter jedoch feucht und kühl. Von dem neugeernteten Roggen wurde möglicherweise bis zum Thanksgiving Day – dem einzigen Feiertag der Puritaner – oder vielleicht sogar bis zu einem noch späteren Zeitpunkt nichts verbacken.

Im Dezember desselben Jahres fingen die Einwohner Salems plötzlich an durchzudrehen. Wie es schien, waren immer ganze Familien davon betroffen – als erste heimgesucht wurden die Frau des Pfarrers Samuel Putnam, seine beiden Töchter und eine Bedienstete, daraufhin wurden dann aber auch Frauen wie Männer in anderen Haushalten befallen. Am deutlichsten sichtbar waren die Symptome jedoch bei Frauen und vor allem bei Mädchen, »deren seltsame Anfälle eindeutig weitergehen als die, von denen eine Epilepsie oder Katalepsie begleitet wird«. »Die Betroffenen redeten allesamt mehr oder weniger wirr, machten eigenartige Verrenkungen und Gesten und wurden von krampfartigen Anfällen befallen«, aber nur bei jungen Mädchen hielt dieser Zustand hartnäckig an und kehrte mit aller Macht während mehrerer Monate wieder. Während der Anfälle waren die Mädchen wunderlichen Visionen und grotesken Verhaltensweisen ausgeliefert. Abigail, die elfjährige Nichte des Pfarrers William Parris, versuchte zum Beispiel regelmäßig, die Küche im Hause ihres Onkels in Brand zu setzen und den Kamin hinaufzustürmen. Die Töchter des Pfarrers Putnam wurden dagegen von solchen Erstickungsgefühlen gepackt, daß sie überzeugt davon waren, daß »der leibhaftige Satan ihnen Bälle in die Luftröhre gesteckt hatte, um sie damit zu erdrosseln«.

Am 11. April 1692 berief der Vize-Gouverneur William Danforth in Salem ein Ad-hoc-Gericht ein, um gewisse Personen examinieren zu lassen, die beschuldigt wurden, auf die besessenen Mädchen, deren es mittlerweile acht waren, Hexenzauber auszuüben. Die Mädchen wurden gemeinschaftlich vor Gericht gebracht und aufgefordert, die Namen derer zu nennen, von denen sie behext wurden. Die mutmaßlichen Hexen dagegen wurden den Mädchen einzeln gegenübergestellt, die daraufhin natürlich unweigerlich in hysterische Anfälle verfielen. Diese Anfälle hörten just in dem Augenblick auf, als die Beklagten die Mädchen berührten, womit man glaubte, den unzweifelhaften Beweis für Hexerei erbracht zu haben. In Fällen, wo die Beklagten nicht vor Gericht gebracht werden konnten, war die ›spectral evidence‹ ausreichend, das heißt, daß die Mädchen nur zu versichern brauchten, daß ihnen die Angeklagten in ihren Visionen erschienen und sie peinigten. Die abgeurteilten Hexen und die, die ihren Prozeß noch vor sich hatten, wurden so lange im Gefängnis von Boston eingesperrt, bis am 2. Juni der neue Gouverneur, Sir William Phips aus England, mit einer neuen Verfassungsurkunde für die Bay Colony in Massachusetts anrückte, die ihm die Vollmacht erteilte, Todesurteile zu vollstrecken. Prompt berief Sir William in Salem Village einen Gerichtshof von Oyer und Terminer ein, um dieser Verpflichtung auch nachzukommen. Bridget Bishop war die erste Hexe, die am 10. Juni gehängt wurde, und bis zum folgenden Oktober hatte 19 Hexen dasselbe Schicksal ereilt, ungefähr weitere 150 saßen auf der Anklagebank. An diesem Punkte angelangt, wurde das Gericht bis zum folgenden Januar vertagt; erneute Verhandlungen standen dann unter dem Zeichen von ganz erheblich mehr Nachsicht und Milde. Von 50 noch verbliebenen Anklagen gegen Hexen wurden nur 20 verfolgt, von denen wiederum nur 3 zu einem Schuldspruch führten. Im darauffolgenden Mai sprach Gouverneur Phips alle übrigen frei.

Dies war also der Verlauf der Salemer Hexenprozesse, die seither mindestens einmal in jeder Generation von neuem und aufs gründlichste, jeweils vor dem Hintergrund der gerade gängigen gesellschaftlichen Meinungen untersucht wurden. Während der viktorianischen Ära gelangte man zu der Überzeugung, daß die verhexten Mädchen an neurasthenischer Hysterie, wie sie zu damaliger Zeit bei Mädchen wohl an der Tagesordnung war, gelitten haben mußten; Freud wiederum schob die ganze Geschichte auf die allseits bekannten Schwierigkeiten in der Pubertät (obwohl einige der

Mädchen erst fünf waren), und zu guter Letzt gibt es da noch einen harten Kern von Leuten, der zu allen Zeiten geglaubt hat, daß wirklich Zauberei und Hexenkunst im Spiel gewesen waren. Während der vergangenen 20 Jahre setzte sich auch mehr und mehr die Auffassung durch, daß die Mädchen nur eine Schau abgezogen hatten, um von den Erwachsenen Aufmerksamkeit zu erheischen oder um einige von diesen Erwachsenen an den Galgen zu befördern.

In den 70er Jahren wird nun natürlich immer mehr der Möglichkeit Glauben geschenkt, daß die Mädchen vielleicht mit Acid abgefüllt waren. Linda Caproael, eine Studentin aus Santa Barbara, brachte diese Theorie im April-Wissenschaftsmagazin zur Sprache, wobei sie behauptete, daß »die körperlichen Symptome der Beklagten und auch von einigen der Kläger dieselben wie bei der konvulsiven Mutterkornvergiftung seien«. Man muß ihr da wohl beipflichten, denn wenn es sich bei den Mädchen um eine Vereinigung Sensationssuchender gehandelt hätte, dann wären sie doch wohl mit ziemlicher Wahrscheinlichkeit nicht halb so weit gegangen wie aus den folgenden, von Pfarrer Deodart Lawson beschriebenen Symptomen ersichtlich wird: »Ihre Bewegungen während der Anfälle muten übernatürlich an und sind von solcher Eigenart, daß gesunde Menschen ihre Körper niemals in der gleichen Weise verrenken können. Ebenso übernatürlich ist die von ihnen ausgehende Heftigkeit, die in großem Maße die Kraft derselben Person übersteigt, wenn sie sich in ihrem normalen Geisteszustand befindet.«

Abgesehen von den Visionen und den über den ganzen Körper verteilten merkwürdigen Blasen könnte es sich möglicherweise um Epilepsie handeln; das Erstikkungsgefühl in der Kehle könnte ganz einfach ein Ausdruck von Hysterie sein; was aber ist mit dem eigenartigen stechenden Hautprickeln, das die Mädchen plagte? Die Blasen (Ekzeme) und das Prickeln (Ameisenprikkeln oder Ameisen unter der Haut) sind jedoch ausschließlich für eine Mutterkornvergiftung charakteristisch, obwohl dies manchen vielleicht immer noch nicht als Beweis genügen mag. Als weiteres Indiz kann deshalb die Tatsache herangezogen werden, daß die Leute in Salem dieser Hysterie in ganzen Scharen zum Opfer fielen. Wie wir nämlich an späterer Stelle noch sehen werden, wird bei einer Mutterkornepidemie eines der typischen Symptome, die ausgeprägte Kontaktfreudigkeit der Erkrankten, auch auf die nicht direkt Betroffenen übertragen – im allgemeinen mit recht ungesunden Ergebnissen. Ganze Scharen von Leuten wurden angeklagt, gefoltert und verhört – und das alles auf der Basis einer Beweisführung, die sowohl das Moment der Berührung als auch des angeblichen Geistersehens als Beweis gelten ließ.

So wurde beispielsweise Bridget Bishop, die erste, die gehängt wurde, im wesentlichen auf Grund der Visionen eines John Londer für schuldig befunden. Er klagte unter Eid, bei seinen Anfällen regelmäßig von »Bridget Bishop oder einer ihr ähnlichen Gestalt« heimgesucht zu werden – angeblich setzte sie sich bei diesen Gelegenheiten auf seine Brust und würgte ihn. Immer wurde sie dabei von einem dienstbaren Geist begleitet, der »wie ein Affe aussah, außer daß die Krallenfüße eher denen eines Hahnes glichen und das Gesicht mehr an einen Menschen als an einen Affen erinnerte«. Das Gefühl, gewürgt zu werden – verursacht durch eine Hemmung der Herz-Lungen-Tätigkeit –, und Halluzinationen, in denen Tiere auftreten, sind beides Symptome von Mutterkornvergiftung. Was die Berührung anbelangt, so wäre doch beinahe ein Volksheld späterer Zeiten, John Alden, auf der Grundlage dieses recht dubiosen Phänomens abgeurteilt worden. Im Juli wurde Alden von den Mädchen beschuldigt, sie verhext zu haben, zusätzlich stand noch im Protokoll, daß »er Munition und Schießpulver an die Franzosen und Indianer verkaufe, es mit indianischen Squaws treibe und aus diesen Verbindungen auch Kinder habe«. Als Alden den Mädchen vor Gericht gegenübergestellt wurde, kippten diese allesamt aus den Socken und wanden sich in Krämpfen auf dem Fußboden. Sie erholten sich jedoch in Sekundenschnelle, nachdem er sie berührt hatte. Der Richter Sewall fragte den ganz offensichtlich der Schuld Überführten allerdings noch, ob er einige abschließende Bemerkungen machen wolle, bevor das Urteil erginge. Alden sieht ihm daraufhin geradewegs ins Gesicht und meint: »Was ist wohl der Grund dafür, daß *Sie* nicht umfallen, wenn ich Sie anschaue – können Sie mir einen sagen?« Dies brachte Hochwürden so in Verwirrung, daß man davon absah, das Urteil sofort zu vollstrecken, und so sperrte man Alden ins Gefängnis von Boston, aus dem er 15 Monate später entwich.

Also an sich waren die bei diesen Prozessen eingesetzten Richter ja wirklich liebenswerte Menschen, die auch ihr Leben lang ehrlich von Schuldgefühlen über ihre Ketzerurteile, die sie da zusammengebastelt hatten, geplagt wurden. Nehmen wir zum Beispiel Gouverneur Phips, der eigentlich den größten Teil seines Lebens kein schlechter Kerl gewesen war – als jedoch Giles Corey unter einer mit 100-Pfund-Gewichten beschwerten Platte zu Tode gequetscht wurde (was 2 Tage dauerte) und ihm in den letzten Todesqualen die Zunge aus dem Mund hing, wurde sie ihm von Gouverneur Phips mit der Spitze seines Spazierstockes brutal in den Mund zurückgestoßen. Mit diesen Leuten war in der Tat eine Veränderung vor sich gegangen.

»Es mag sein, daß sich die Denkprozesse der Richter, die verantwortungsvolle und geschätzte Männer in der Kolonie gewesen waren, verändert hatten«, schlägt Caproael vor, »gleichzeitig ist jedoch größte Sorgfalt am Platz, wenn es darum geht, den körperlichen und geistigen Zustand von Leuten einzuschätzen, die schon Hunderte von Jahren tot sind.« Insoweit Caproael den Schluß zulassen kann, daß Mutterkorn im Spiel war, dann muß dies wohl höchstwahrscheinlich aus der Scheune von Samuel Putnam gekommen sein. Allem Anschein nach bezahlte Putnam seine Schulden mit Getreide, so daß also nicht nur seine eigene Familie von dem verseuchten Roggen erwischt wurde, sondern auch die Familien seiner Gläubiger. Dieser von Caproael vorgeschlagene Weg der Verbreitung des vergifteten Brots ist demnach hochgradig spekulativ, aber ganz und gar nicht als unwahrscheinlich zu bezeichnen.

Warum aber sollte eine ganze Stadt verrückt spielen, wenn es doch im Höchstfall nur ein paar Dutzend Leute waren, die direkt an Samuel Putnams magischem Roggen ausgeflippt sind? Sehr zum Leidwesen moderner Forschung ist es heutzutage tatsächlich nicht mehr möglich, den Masseneffekt, den eine Mutterkornvergiftung auf Gruppen ausüben kann, zu bestimmen. Obwohl die Mutterkornvergiftung während der vergangenen 200 Jahre im großen und ganzen im Aussterben begriffen war, so haben wir doch Gelegenheit, durch eine Betrachtung des einzigen wirklich gut belegten Falles von Mutterkornvergiftung in diesem Jahrhundert eine Ahnung von der Massenhysterie zu bekommen, die damit einherging: Es handelt sich dabei um Pont-St.-Esprit in Frankreich, das im Jahre 1951 vom ›Antoniusfeuer‹ heimgesucht wurde.

Das vergiftete Brot – le pain maudit – kam ursprünglich nicht aus Pont-St.-Esprit, einer alten Industriestadt im klimatisch sehr trockenen Midi-Gebiet in Frankreich, sondern aus Poitiers, das 300 Meilen weiter nördlich liegt. Oben im Norden war schlechtes Wetter gewesen, feucht im Frühjahr und den ganzen Sommer lang windig, und als der August kam, merkten die Bäcker im Ort, daß sie mit einer ganzen Menge minderwertigen Getreides dasaßen. Am Anfang des Monats mußte einer dieser Bäcker, M. Guy Bruère, beim Öffnen eines Sakkes Mehl, den er, ohne ihn genauer unter die Lupe zu nehmen, gekauft hatte, feststellen, daß dieser völlig unakzeptabel war. Nicht genug damit, daß er nur so von toten Motten und gräßlichem purpurfarbenem »Staub« wimmelte, sondern daß der Inhalt – zum Teufel – nicht einmal Weizen, sondern Roggen war!

In Gottes Namen – da half alles nichts, das einzige, was Bruère tun konnte, war, seinen teuren Freund, M. Maurice Maillot in dessen Mühle aufzusuchen, um ein paar Zentner ordentliches Mehl als Entschädigung für all das verdorbene abzuverlangen. Da man sich mit seinen Nachbarn gutstellen sollte, erweist Maillot ihm widerwillig diese Gefälligkeit, läßt das dreckige Zeug durch seine Schütte rieseln, während er sich die Nase zuhält, und kippt es in die Säcke, die schon für die große nationale Mehl- und Getreidesammelstelle, die Union Meunière Ltd., bereitstehen. Das Bruère-Mehl, das heißt eine Mischung aus Motten, »Staub« und Roggen, wurde in der Nacht des 16. August 1951 an die drei Bäckereien im La-Villette-Distrikt von Pont-St.-Esprit ausgeliefert. Die drei Bäcker von La Villette, Ms. Monier, Griotti und Briand, mußten allerdings feststellen, daß es schlichtweg widerwärtig war – der daraus hergestellte Teig sah gräulich-klebrig aus, roch wie Fisch oder Petroleum und war sehr schwierig zu verarbeiten. Aber da sie nun schon einmal mit dem Mehl dasaßen, verbackten sie es eben – und nachdem sie es wiederholt gekostet hatten, gaben sie es, wenn es auch nicht gerade besonders schmeckte, für den Verbrauch frei.

Neben den Bäckern und deren Familien aßen ungefähr 300 Leute von dem in jener Nacht gebackenen Brot. Lehrer, Verkäufer, Bauern, Fließbandarbeiter und deren Kinder aßen davon, die Reste erhielten die Tiere – eigenartigerweise rührten die Hunde nichts davon an; dagegen fraßen es Katzen und Federvieh recht bereitwillig. Innerhalb weniger Stunden war dann die Stadt von einem Heer schreiender Katzen epidemieartig überschwemmt. Viele Katzen, Gänse und Hühner verfielen blitzschnell einer totalen Lähmung und starben. Wie sich noch herausstellen sollte, wertete man dies ganz richtig als schlimmes Vorzeichen.

Früh am nächsten Morgen begannen die Leute in der Stadt die ersten Symptome an sich selbst zu bemerken. Viele erwachten mit Krämpfen und Koliken, die wiederum zu Durchfall führten, der jedoch nicht sehr wirkungsvoll die Krämpfe nur zeitweise linderte. Im Laufe des Tages verschwanden diese Krämpfe und wurden von einem unbestimmten Prickeln am ganzen Körper, beschleunigtem Atem und andauernden kalten Schaudern abgelöst. Die herbeigerufenen Ärzte stellten für alle Patienten typische Untertemperatur fest – und das bei der Hochsommerhitze, Mitte August. Dazu waren die Pupillen der Erkrankten stark erweitert, und die Betroffenen schienen mehr als normalerweise zu reden. Als die drei Bäcker sahen, daß ihre Familien und Kunden an etwas, das wie eine leichte Lebensmittelvergiftung erschien, erkrankt waren, zogen sie das Brot ein und schickten es zusammen mit einer gemeinschaftlichen heftigen Beschwerde an die Union Meunière.

In dieser Nacht, dem 18. August, tat keiner der Erkrankten ein Auge zu. In ganz Pont-St.-Esprit bemerkten die Leute, wie sie von einer schwindelerregenden, gleichzeitig aber ziemlich angenehmen Hochstimmung durchflutet wurden, die Hand in Hand mit einem ganz starken Bedürfnis ging, draußen herumzuwandern, wo man dann den vielen anderen Leuten begegnete, die sich in genau demselben Zustand befanden. Jedermann fühlte sich auf eine wunderbare Art und Weise gesellig und gesprächig, und auf den Plätzen der Stadt ließen sich kleinere Gruppen von Bürgern unter den Platanen nieder, um dort die ganze Nacht hindurch, im Scheine des Mondes, tiefgründige Gespräche über Politik, Kunst und Religion zu führen. Dieser Zustand der Verzücktheit herrschte die ganze Woche hindurch vor, und die Nachtwandler fühlten sich immer besser dabei, obwohl ab und zu schon einmal Anfälle brutalster Angstgefühle vorkamen. Es wurde festgestellt, daß die Frauen allesamt, ob es Zeit war oder nicht, am dritten Tag zu menstruieren begannen, was aber niemand wirklich zu kümmern schien. Am Sonntag, dem 20. August, bemerkt einer der typischen »Nachtwandler«: »Ich finde, daß mir diese Krankheit bis jetzt sehr gut getan hat. In meinem ganzen Leben hatte ich noch nie so viel Energie.

Ich weiß, daß ich seit Donnerstagabend nicht mehr geschlafen habe, aber...«

Auf ihre Umwelt müssen diese »Erkrankten« allerdings recht störend gewirkt haben. Zum einen rochen sie allesamt ziemlich eigenartig – nach etwas, das im Geruch an tote Mäuse oder Urin erinnerte, ein rundum abstoßender Geruch, kurz gesagt, sie stanken alle nach Angst. Zum anderen neigten sie insgesamt dazu, zu emotional zu sein und auf diesem geheimnisvollen neuen Wohlbefinden zu beharren. Und es war einfach gespenstisch, sie nachts um drei Uhr im Dunkeln auf der Straße herumstehen zu sehen und zu beobachten, wie sie ernst und beinahe verschwörerisch miteinander murmelten. Die Spannung in der Stadt nahm mehr und mehr zu – etwas Schreckliches würde sich ereignen.

In der Nacht zum 24. August, also genau eine Woche nachdem die Leute das Brot gegessen hatten, senkte sich das »Feuer« auf die Stadt hernieder; es zeigte sich als erstes ungefähr um Mitternacht unter den kleinen Gruppen Schlafloser: Einer von ihnen riß sich los, um, unkontrollierte Schreie ausstoßend, die Straße hinunterzurennen, und innerhalb weniger Sekunden wurde die Gruppe von Entsetzen geschüttelt. »Hört ihr, ich bin tot«, schreit eine Frau. »Mein Kopf ist aus Kupfer und in meinem Magen sind Schlangen. Sie brennen, brennen, brennen!« Ein Mann, der sich gerade an einen Laternenpfahl klammert, beharrt vergeblich darauf: »Mein Bauch ist voller Schnecken. Sie brennen mich zu Tode. Ich bin im Wasser. Ich sende nach überallhin Botschaften über den Rundfunk aus. Bringt mir einen Röntgenapparat – röntgt mich, und ihr werdet sehen!«

Überall wurden die Leute von Löwen und Tigern verfolgt, in Wolken von Insekten eingeschlossen, von Feuer verzehrt, in schwarzem Schmutz erstickt. Diejenigen, die vor dem Grauen in die Häuser flüchteten, wurden unmittelbar darauf von solcher Platzangst erfaßt, daß sie zurück ins Freie rannten, wo sie sich dann wie im Wahn auf dem Boden wälzten. Rettungsmannschaften wurden aus allen umliegenden Krankenhäusern des Distrikts herbeigerufen, und gespenstisch heulende Sirenen weckten sämtliche Bewohner La Villettes auf. Hier ist eine Darstellung dessen, was sie gegen 2 Uhr nachts sahen: »Da waren der Mann und die Frau, die sich – inzwischen blutend und völlig aufgelöst –, mit Messern bewaffnet, gegenseitig um den Küchentisch gejagt hatten. Da war die Frau, die absolut überzeugt davon war, daß ihre drei Kinder gestreckt und geviertelt worden waren und jetzt, an Dachsparren aufgehängt, darauf warteten, zu Würsten verarbeitet zu werden. Da gab es den Mann, dessen Körper sich unter Verzerrungen krümmte und wand, weil ihn angeblich Banditen mit riesigen Eselsohren jagten. Da war das siebenjährige Kind, dessen Spielzeuge sich plötzlich in phantastische, unbeschreibliche wilde Tiere verwandelten. Da war der Mann, der das Krankenhauspersonal als riesige Fische sah, die nur darauf warteten, ihn bei lebendigem Leibe aufzufressen. Da war die Frau, die von den Toten umringt war.«

Viele der Kranken legten übernatürliche Kräfte an den Tag, als Krankenhauswärter versuchten, sie in die Schranken zu weisen. Ein Mann, der bei dieser Gelegenheit bis zu seinem Zimmer im 2. Stock gejagt worden war, sprang in seiner Verzweiflung aus dem Fenster und zerschmetterte sich dabei beide Beine auf der Straßenpflaster; dies sollte ihn jedoch nicht daran hindern, mit dieser mehrfachen »Grünholzfraktur«[1] noch zwei Blöcke weiter zu rennen, und nachdem die Wärter ihn letztendlich in ihre Gewalt gebracht hatten, die Fesseln zu zerreißen. Auf einem Bauernhof außerhalb der Stadt zerriß ein Bauernjunge sieben Zwangsjacken aus Segeltuch, bevor es gelang, ihn zu bändigen. Im Krankenhaus in Nîmes band man ihn unter eine Zwangsdecke, wo er es tatsächlich schaffte, sich seinen Weg durch das Tuch freizubeißen; er verlor dabei alle Frontzähne und bog auch noch das Stahlgitter seiner Gummizelle auseinander, bevor er wieder gefesselt werden konnte.

Bis zum folgenden Nachmittag waren die örtlichen Krankenanstalten hoffnungslos überfüllt, obwohl man die Kranken, die gemeingefährlich waren, schon außerhalb untergebracht hatte; zudem hatten die Ärzte keine Ahnung, womit sie die Krankheit behandeln sollten – Beruhigungsmittel erwiesen sich als vollkommen unwirksam, in den meisten Fällen verschlimmerten sie sogar die Psychosen der Kranken; und das Sterben begann. Eine Frau in den Siebzigern, Mme. Rieu, hatte sich während ihrer Muskelkrämpfe ein Bein gebrochen, 48 Stunden später wurde das Bein brandig und tötete sie. Innerhalb von 14 Tagen starben vier weitere Leute an Herz- und Lungenversagen. Die übrigen lebten im Wechsel von psychotischem Delirium und kurzen, herzzerreißenden Augenblicken geistiger Klarheit, in denen sie flehten, doch erlöst zu werden.

Viele weitere Opfer blieben zu Hause; einige von ihnen mußten erst von den Gesundheitsbehörden ausfin-

---

[1] Bei einer ›Grünholzfraktur‹ bleibt die Knochenhaut unverletzt, und nur die verfestigten Teile des Knochens brechen. (Anm. d. Übers.)

dig gemacht und Tage später eingeliefert werden, wie zum Beispiel die fünf Jahre alte Marie-Joseph Carle, deren Krampfzustände denen der Salem-Opfer glichen: »Ihr ganzer Körper bebte, ihre Arme und Beine zuckten unter massiven Krämpfen, die Finger ballten sich so stark zusammen, daß niemand mehr sie zu öffnen vermochte. Ihre Augen rollten wild in den Augenhöhlen umher, und ihre sich ständig zusammenziehende Armmuskulatur ließ sie wie einen Dirigenten erscheinen, der gerade einen Chor dirigierte.« Ihre sich wie Windmühlenflügel bewegenden Augäpfel begannen, in regelmäßigen Abständen und unter sichtbaren Anzeichen abgrundtiefer Angst etwas in mittlerer Entfernung zu fixieren, wobei Marie ausrief, daß ein riesiger Tiger gerade dabei sei, sie anzuspringen, daß sich eine Natterngrube vor ihr geöffnet hätte oder daß Blut aus Wänden und Decken floß. Dann fuhr sie wieder urplötzlich aus ihrer Besessenheit heraus und brabbelte ganz verwundert über die eigenartigen Dinge, die sie gerade gesehen hatte.

Andere, die es geschafft hatten, trotz Mutterkornvergiftung zu Hause zu bleiben, mußten dieselbe Pein aushalten wie die in den Krankenhäusern Eingesperrten, wenn auch in etwas abgeschwächter Form. So verbrachte zum Beispiel Marie Carles Vater fast einen ganzen Monat damit, in seinem Schlafzimmer zu sitzen und die sechs Scheiben seines Fensters zu zählen. Das intellektuelle Lieblingskind der Stadt, Monsieur Marcel Delaquis, saß während der ganzen Zeit über seinen Schreibtisch gebeugt und kritzelte Unmengen unergründlicher Gedichte – als er seinen Bleistift bis aufs Holz abgenutzt hatte, grub er damit Furchen ins Papier, außerstande ihn zu spitzen, weil er sonst während dieses

Vorgangs der Versuchung, aus dem Fenster zu springen, nicht hätte widerstehen können. Während eines ganzen Monats schlief keiner auch nur eine Sekunde lang.

Diese Art von Zwangsvorstellungen waren aber an sich immer noch vergleichsweise milde Äußerungen von Mutterkornvergiftung. In den Krankenhäusern, in denen es unter den Zwangsdecken nur so nach toten Mäusen und Urin stank, durchlebten die Patienten Ebenen wesentlich stärkerer Psychosen. Alle wurden sie von Tierhalluzinationen geplagt, wobei jeder einzelne regelmäßig von dem für ihn bestimmten Wesen gequält wurde, wie zum Beispiel einem Tiger oder einem Hai oder einem Zwitterwesen, das zur Hälfte Mensch war. Noch schlimmer erschienen jedoch Störungen in den Sinneswahrnehmungen der Erkrankten: Immer wieder erlebten sie Farben unerträglich grell und unnatürlich und meinten, an ihren klaustrophobischen Bildern von herabstürzenden Wänden und Decken ersticken zu müssen. Alle von ihnen sahen auf dem Höhepunkt ihrer Anfälle Feuerbälle, die wieder und wieder auf sie zurasten, um dann in die Unendlichkeit zu entschwinden. Und alle wurden sie tagtäglich von Krämpfen und Zukkungen geschüttelt, bei denen sich normale Menschen sämtliche Knochen gebrochen hätten. Trotz allem erlebten die Kranken manchmal Schübe unbegreiflicher Wonne und Verzückung, vor allem nach sehr heftigen Attacken. Einige begannen dann plötzlich, Engel süße Himmelsgesänge singen zu hören, während sie Kaskaden herrlicher Blüten, die sich überall um sie herum ergossen, sahen. Andere wiederum durchschauten plötzlich in einem Fingernagel oder einer Küchenschabe das einfache, unaussprechliche, wahre und reine Geheimnis des Universums. Die meisten von ihnen waren selbst während der Krämpfe fähig, mit alten und vertrauten Freunden zu kommunizieren; ein Teil ihres Bewußtseins stand immer in festem Bezug zur Realität, obgleich die Betroffenen von den Schrecken ihrer Erscheinungen häufig übermannt wurden, die ihnen dann aber auf eine so greifbare Art und Weise wirklich erschienen wie die Riemen, mit denen sie gefesselt waren.

Nach den ersten 14 Tagen wurden die Zeitabschnitte, in denen die Patienten wieder bei klarem Bewußtsein waren, allmählich wieder länger und zusammenhängender; die Abschnitte der Wahnvorstellungen verliefen jedoch so heftig wie eh und je. Diese Wiederherstellung des Selbstbewußtseins ging aber mit starken Ängsten von seiten der Kranken einher, da sie von nun an immer ganz klar sahen, daß es nicht allzu lange dauern würde, bis sie wieder das Grauen packte. Obwohl sie nun erkannten, daß sie unter Halluzinationen litten, so wußten sie doch auch, daß diese während der Anfälle für sie zur Wirklichkeit werden würden. Und mit nichts war auf so erbarmungslose Art und Weise zu rechnen, wie mit dem nächsten Anfall; er begann mit einem Zucken in den Beinen, während sich im Bewußtsein eine Art gespenstischer Halbschatten mehr und mehr verdichtete und letztendlich jegliche Sinneswahrnehmung verzerrte. Vage Anstrengungen stiegen zuerst bis knapp an die Schwelle zum Bewußtsein auf, schwappten dann über und drangen ans Tageslicht vor, indem sie die ganze Welt mit Monstern bevölkerten.

Zwischen dem 14. und dem 20. Tag kam es bei den Betroffenen normalerweise zur Krise; die Genesung kündigte sich durch das Erscheinen von Ekzemen am Körper an; diese wunden Stellen sonderten eine farblose

Flüssigkeit ab, die beim Pflegepersonal Hautausschläge hervorrief, sobald es in direkte Berührung damit kam. Gleichzeitig mußten die Chemiker, die das infizierte Brot untersuchten, feststellen, daß sie schon einen sehr unangenehmen Hautausschlag bekamen, wenn sie das Zeug nur mit bloßen Händen anfaßten. Anscheinend verwandelte sich das Mutterkorn in etwas völlig anderes und verließ die Körper der Erkrankten; plötzlich stellten die Betroffenen fest, daß sie nun auch, Gott sei Dank, nach 20 Tagen Schlaflosigkeit wieder schlafen konnten, und daß ihr Appetit nach beinahe einem Monat künstlicher Ernährung wiederkehrte.

Nach dieser Phase gingen die psychotischen Zustände drastisch zurück. Die Patienten waren zwar immer noch recht mitgenommen und schwach, aber bei klarem Verstand und gehfähig, und wurden deshalb auch prompt aus den überlasteten Krankenhäusern entlassen. Anfang September kehrten sie also nach La Villette oder auf ihre Höfe zurück; sie fanden es schwierig, sich wieder völlig zurechtzufinden, und mußten immer wieder mit starken Rückfällen ins Krankenhaus eingeliefert werden. Ein typischer Fall: »Ich war einen Monat im ›maison de fous‹ in Nîmes; dann wurde ich als geheilt entlassen. Nach dem Essen am vergangenen Donnerstag merkte ich plötzlich, daß ich keine Zigaretten mehr hatte. Ich schwang mich aufs Fahrrad, um im Tabakwarengeschäft welche zu holen, aber an der Ladentür überkam mich die Krankheit wieder. Ich sah das Haus auf mich herniederstürzen, Steine und Balken zermalmten meinen Körper. Die Leute, die in der Nähe waren, rannten zu mir herüber und hielten mich nieder. Meine Halluzinationen hielten an. Bomben explodierten überall um mich herum, und kleine Kobolde stürzten sich mit blutroten Nadeln, die wie Spieße waren, auf mich und stachen wild auf mich ein. Ich wurde schnell zum ›Hôtel-Dieu‹ transportiert, wo ich, ans Bett gefesselt, die Nacht verbrachte. Bis zum nächsten Morgen hatte ich mich dann beruhigt.«

Während mehrerer Monate wurden die Kranken in Abständen von ähnlichen Rückfällen geplagt. Neben diesen rein körperlichen Nachwirkungen der Mutterkornvergiftung sind blinde Flecken auf der Netzhaut ein sehr verbreitetes Übel, außerdem halten sich bei den Überlebenden hartnäckig bis zum heutigen Tag chronische Schwindelgefühle – eine Schmach für die ganze Gemeinde von La Villette. Die genesenen ›Mutterkorn-Veteranen‹ strengten mit einer selten dagewesenen Beharrlichkeit eine Klage gegen die Union Meunière an. In Wirklichkeit wollten sie sich damit von der unausgesprochenen Unterstellung, durch die Krankheit verrückt geworden zu sein, rehabilitiert sehen. Wäre es dabei um einen ganz normalen Fall von Lebensmittelvergiftung gegangen, wäre es wohl sehr schnell zu einem Urteil gekommen, aber hier hatte es das Gericht mit einem Fall zu tun, der in der Geschichte der Rechtskunde beispiellos war. Die letzte Mutterkornepidemie war 1855 in Burgund gewesen und hatte nur Bauern befallen, die natürlich nicht so dumm waren, jemanden dafür zu verklagen. Jedenfalls gab es also keinen Präzedenzfall. Und der Union Meunière, einer millionenschweren, staatlich geförderten Vereinigung, bereitete es deshalb keine Schwierigkeiten, sich gegen ein Häufchen Kleinbürger und Landwirte zu verteidigen, die ja immerhin schon einmal verrückt gewesen waren.

Trotz seines schwindenden Augenlichts und starker Schwindelanfälle betrieb der Schriftsteller M. Delaquis die Klage energisch weiter. Es gelang ihm, mit Dr. Albert Hofmann von Sandoz Kontakt aufzunehmen und dessen Expertengutachten einzuholen, das bestätigte, daß es sich bei der Epidemie eindeutig um Mutterkornvergiftung und nicht, wie die Union Meunière behauptet hatte, um eine Vergiftung durch eine Quecksilberverbindung gehandelt hatte. Hofmann drängte darauf, daß die Brotproben sofort auf Mutterkorn untersucht werden sollten, da die Mutterkornalkaloide sehr schnell zugrunde gehen, wenn sie Sauerstoff ausgesetzt werden. Dies veranlaßte die Union Meunière dazu, eine endgültige chemische Analyse um Monate hinauszuzögern.

Nachdem dann doch endlich eine Analyse durchgeführt worden war, verkündeten die Chemiker der Union Meunière mit Genugtuung, daß ja tatsächlich Claviceps purpurea im Brot sei, aber nur in der geringen Menge von 1:1000. Es nahm Monate in Anspruch, das Gericht davon zu überzeugen, daß schon ein einziges Mikrogramm LSD recht stark wirkt und daß der ursprüngliche Gehalt an Mutterkornalkaloiden zweifellos wesentlich höher gewesen sein muß. Und in dieser Art ging das Ganze weiter: Die Union Meunière zog den Fall zehn Jahre in die Länge, bevor sie letztendlich schuldig gesprochen wurde; daraufhin ging sie in die Berufung und focht die Vorgehensweise des Gerichts an. Schließlich und endlich, im Jahre 1964, nach dem ›technischen Sieg‹, der aber immer noch bedeutet hätte, daß der Fall noch einmal ganz von vorne hätte aufgerollt werden müssen (so ist es im komplizierten Labyrinth französischer Rechtssprechung vorgesehen), gaben die Leute von Pont-St.-Esprit den Kampf auf. Noch im Jahre 1968 hatten viele von ihnen auf Grund der Gerichtskosten Schulden.

Macmillan publizierte 1968 »The Day of St. Anthony's Fire« von John G. Fuller; es bildet die einzige Quelle in englischer Sprache, die die Massenkatastrophe in Pont-St.-Esprit beschreibt. Neben diesem Buch existieren nur noch Zeitungsberichte von damals, die auf eine eigenartige Weise sensationell und unwirklich in ihrer Aufmachung sind. Die Ironie des Fuller-Buches – an sich ist es ja mehr symptomatisch als ironisch zu nennen – besteht darin, daß es in erster Linie als eindringliches Klagelied gegen die Bedrohung durch LSD-25 geschrieben wurde. Es stammt aus den späten 60er Jahren, und jede Zeile vermittelt einen gespenstischen Horror vor LSD, von dem auch nur »eine Pipette voll genügt, um 5000 Leute stundenlang in Halluzinationen zu versetzen!«

Der Autor des Buches, der Verfasser von Fernseh-Dokumentarfilmen und Ufo-Freak ist, beweist zwar sicherlich Einfühlungsvermögen in das Elend der Kranken, gleichzeitig aber bringt er es fertig, ihre Geschichte einem das ganze Buch beherrschenden Thema einfach unterzuordnen, nämlich, daß die Wirkung von LSD genauso schädlich sei wie die des Mutterkorns.

Wie die Ereignisse der vergangenen 8 Jahre gezeigt haben, stimmt das ganz einfach nicht. Aber sobald sich der Wahnsinn einmal zeigt, werden ganz schnell ein paar Hexen hervorgekramt, denen man die Schuld dafür aufhalst.

Daß Mutterkornepidemien mit organisiertem Hexenzauber in Verbindung gebracht werden, ist eine recht ausgefallene Idee neueren Datums. Die großen Hexenverbrennungen in Europa kamen aber erst so ungefähr um 1600 voll in Gang, zu einem Zeitpunkt, als die Mutterkornvergiftung schon 700 Jahre lang auf dem

Kontinent gehaust hatte. Aufzeichnungen über die Mutterkornepidemien sind jedoch recht mager. Der früheste Hinweis auf den gangränösen Ergotismus (Mutterkornvergiftung mit Brandigwerden der Gliedmaßen, auch Brandseuche genannt, Anm. d. Übers.) erscheint 857 n. Chr. in den »Annales Xantenses«, im deutschen Xanten. Hier wird von einem Schreiber zuerst von einer weitverbreiteten Hungersnot unter dem armen Volk berichtet und dann eine ›Plaga magna‹ erwähnt, die in diesem Gebiet mehr und mehr um sich greife, und die vor allem gekennzeichnet sei durch eine »abscheuliche Fäulnis, die die Knochen der Betroffenen aufzehrt«. Die Mutterkornvergiftung wurde zuerst unter dem Namen ›Ignis Sacer‹ bekannt, dem heiligen Feuer, von Gott gesandt, um darin das sündige Fleisch der gegen ihn schuldig Gewordenen brutzeln zu lassen oder um ihnen damit Geist und Seele aus dem Körper herauszusengen.

Behandelt wurde diese von Gott gesandte Krankheit natürlich nur mit priesterlichen Mitteln. Als im Jahre 994 ungefähr 40 000 Menschen aus Limousin und Aquitaine an einer Mischung aus Hungersnot, ›Heiligem Feuer‹ und Beulenpest zugrunde gingen, vollbrachte man die fälligen medizinischen Wunder rein dadurch, daß man die Kranken die Knochen des Hl. Marcellus berühren ließ, die zuvor großzügig in den Kirchen der Dörfer und Städte verteilt worden waren. Eine Generation später, als im Jahre 1039 der ›tödliche Brand‹ die Bauern von Lorraine niedermachte, salbte man die Reliquien diverser Heiliger mit Weihwasser und tauchte sie in Wein – immerhin wurden einige der Kranken wieder gesund.

So gegen 1100, gleichzeitig mit dem Eintreten eines

neuen rationalen Denkens, das mit der Zeit die gesamte Ära des Mittelalters erhellen sollte, wurde die planmäßige Behandlung der Mutterkorn-Opfer eingeleitet. Allerdings dachte zu diesem Zeitpunkt noch niemand im Traum daran, daß Roggen der Überträger dieser Krankheit sein könne – man war immer noch überzeugt, daß das Feuer direkt von Gott käme –, das einzige, was man beobachtet hatte, war, daß eine anständige Ernährung die Pein zu lindern vermochte. Ordnungsgemäß erhielt die Krankheit ihren eigenen Schutzpatron, den Heiligen Antonius, in dessen Namen dann ungefähr 400 Krankenhäuser in Deutschland und Frankreich eingerichtet wurden. Diese Krankenhaus-Weihestätten, die geschmückt waren mit bunten Kirchenfenstern, auf denen der Heilige vor Horden von Krüppeln und Wahnsinnigen kniend dargestellt war, konnten nicht mehr bieten als frische Milchmahlzeiten und aufrichtiges Mitgefühl – aber das war schon viel für die damaligen Zeiten.

Daß man gerade den Heiligen Antonius zum Schutzpatron des ›Heiligen Feuers‹ gewählt hatte, erscheint erstaunlich passend und poetisch; ungefähr 251 n. Chr. geboren, war Antonius eher eine der außergewöhnlichen Gestalten in der Reihe der Begründer des Christentums. Er hauste 20 Jahre lang in einer Höhle außerhalb Alexandriens in Ägypten und sprach während dieser Zeit mit niemandem außer mit Gott und den verschiedenen Erscheinungen des Satans, die ihn fortgesetzt peinigten. In den Visionen des Hl. Antonius wimmelt es nur so auf grauenvolle Weise von »brüllenden, heulenden, zischenden und knurrenden Tiergestalten«. Wie eine zeitgenössische Lebensbeschreibung weiterhin zu berichten weiß, wurde der Hl. Antonius »in jeder wachen Minute von Löwen, Tigern, Wölfen, Schlangen,

Skorpionen, Bären und Drachen geplagt«; daß sein heiliger Wahn durch eben dieses Auftreten von Tiergestalten gekennzeichnet war, machte ihn von vornherein auf ganz selbstverständliche Weise zum Fürsprecher der Opfer der konvulsivischen Mutterkornvergiftung.

Die ›Antonius-Krankenhäuser‹ waren über ein Jahrhundert lang in Betrieb, sie wurden jedoch von dem Augenblick an überflüssig, als die Anzahl der massenepidemischen Mutterkornvergiftungen drastisch zurückging. Verantwortlich für diesen Rückgang sind eventuell eine verbesserte Ernährungsweise oder aber tiefgreifende klimatische Veränderungen, die möglicherweise die Qualität des Mutterkorns verändert haben; jedenfalls war die Krankheit bis ungefähr zum Jahre 1600 verschwunden, um dann aber mit aller Macht zurückzukehren. Im französischen Distrikt Sologne kam es in den Jahren 1630, 1676, 1709, 1747, 1770 und 1777 zu epidemischen Ausbrüchen von ›Antoniusfeuer‹. Ebenso wurden Deutschland, Rußland und Skandinavien reich damit gesegnet. Wo immer Roggen angebaut wurde, da hauste auch das ›Feuer‹.

Wie man bemerkt, fällt diese Zeit des Antoniusfeuers mit dem Höhepunkt der Hexenverfolgungen zusammen. Es wäre zwar verfehlt, diesen Hexenwahn einzig und allein dem Wiederaufkommen von Mutterkornvergiftung zuzuschreiben – denn es gab politische und wirtschaftliche Gründe für diese Verfolgungen, die sicherlich für alle Beteiligten (außer den Opfern) ausreichten, um damit hundert Jahre lang ein Verbrechen an sich selbst zu begehen –, aber ich bin überzeugt, daß die Mutterkornvergiftung zu der zur damaligen Zeit allseits herrschenden Verwirrung einen beträchtlichen Beitrag geleistet hat.

Um nämlich überhaupt Hexen verbrennen zu können, braucht man zuerst einmal jemanden, den sie verhext haben. Und so kam den Verfolgern diese Fülle an Leuten, die an Krämpfen litten und deren Gliedmaßen brandig wurden, gerade zur rechten Zeit. Wie in Salem wiesen die Opfer angeblichen Hexenzaubers die Symptome einer Mutterkornvergiftung auf – Krämpfe, Blasen, Tierhalluzinationen. Die Anklage legte den Hexen daraufhin auch ganz folgerichtig die Schädigung von Menschen durch ›Gliedmaßenbrand‹ zur Last. Dummerweise wurde den eigentlichen Opfern des Hexenzaubers nie besonders viel Beachtung geschenkt, da die Inquisition viel mehr daran interessiert war, die Rache Gottes gleichmäßig auf die Handlanger des Satans zu verteilen.

Sehr gut illustriert wird dieser Gedanke, aber auch dessen Fallstricke, durch den allseits bekannten Fall der Nonnen von Loudon in Frankreich, die im Jahre 1630 plötzlich meinten, Dämonen zu sehen und von ihnen verfolgt zu werden. Der Fall bildet die Vorlage zu Aldous Huxleys »The Devils of Loudon«, aus dem wiederum 1971 ein Film mit Vanessa Redgrave entstand. Huxley will darin wohl, kurz gesagt, nahelegen, daß die betreffenden Nonnen Opfer von so etwas wie einer schweren Form von sexueller Hysterie gewesen waren, die wiederum durch ihren gutaussehenden und ständig herumpoussierenden Prior Fr. Urbain Grandier heraufbeschworen worden war. Wenn das wirklich stimmt, dann ist es echt erstaunlich, wie geil sie durch ihn geworden sind: Ein Beobachter schrieb dazu, »bei ihren Anfällen rollten die Frauen ihre Köpfe mit einer solch unglaublichen Geschwindigkeit umher, daß sie sich damit auf Brust und Rücken schlugen, als wäre ihr Genick gebrochen... auf dem Bauch liegend, umklammerten sie mit den Handflächen ihre Fußsohlen... die Zungen hingen ihnen aus ihren Mündern, gräßlich angeschwollen, schwarz, hart und über und über mit Eiterblasen bedeckt; aber selbst in diesem Zustand konnten sie noch klar und zusammenhängend sprechen. Ihre Körper bogen und wanden sich nach rückwärts, bis der Kopf die Füße berührte...« Andere preßten ihre Kiefer so wild aufeinander, daß dabei die Backenzähne zerbröckelten, und alle Nonnen klagten über Krämpfe in den Eingeweiden und ein unerträgliches, durchdringendes ›Prikkeln‹ unter der Haut. Na, wonach klingt das wohl?

Außerdem wurden die Nonnen von tierischen Dämonen geplagt und dabei entsetzlichen Qualen ausgesetzt. Leider kann man sich auf die Beschreibung dieser Visionen nicht unbedingt verlassen, da sie von dem berufsmäßigen Exorzisten Fr. Barre aufgezeichnet wurden. Wie es scheint, steckte dieser Fr. Barre mit dem Londoner Stadtrichter unter einer Decke, der wiederum darauf aus war, Fr. Grandier auf den Scheiterhaufen zu bringen, da er seine Tochter Angelica gebumst hatte. Nachdem Fr. Barre damit fertig war, den Nonnen den Teufel durch Auspeitschen und Einläufe mit Weihwasser auszutreiben, waren sie davon überzeugt, daß Grandier ihnen in ihren nächtlichen Träumen erschiene, um sie mit einem Penis, der so schwarz und eiskalt wie der des Satans war, auf ein letztes ›Lebewohl‹ zu ficken.

Um es gleich vorwegzunehmen – wahrscheinlich standen die Nonnen unter dem Einfluß von Mutterkorn; in derselben Gegend gab es nämlich während der gleichen Zeit noch mehr Frauen und auch Männer, die ähnliche seltsame Anfälle hatten, und selbst die Tiere des Ortes waren ›verhext‹. Dies deutet sicherlich auf irgendeine Art von Massenvergiftung, wobei die ständig wiederkehrenden Anfälle der Nonnen und auch ihre unheimlichen Tiervisionen in sehr überzeugender Weise auf eine Mutterkornvergiftung hinweisen. Allerdings war es jedoch so, daß sich auch noch Monate später, das heißt zum Zeitpunkt der Verhandlung des Falles Grandier, nicht nur alle Nonnen immer noch in Krämpfen schüttelten – und zwar auf Befehl von Fr. Barre –, sondern daß ihre Halluzinationen inzwischen auch einen zwanghaft obszönen und erotischen Charakter angenommen hatten, der allerdings in keinster Weise typisch für eine Mutterkornvergiftung ist. So manch einer mag wohl die Vermutung anstellen, daß Fr. Barre aus der extremen Beeinflußbarkeit dieser ausgeklinkten Mädchen seinen Vorteil gezogen, sie wie ein Charles Manson manipuliert und mit jener Art von infantiler Krafft-Ebing-Kranken-Pornographie abgefüllt hatte, von der die meisten kirchlich angehauchten Abschriften von Hexenprozessen beseelt sind – diese Vermutung würde doch wohl zu weit führen.

Fr. Grandier wurde nach einigen besonders widerlichen Folterungen gemäß Recht und Gesetz der Hexerei bezichtigt und verbrannt. Zur selben Zeit landeten in ganz Europa Tausende von Menschen wegen ähnlicher Fälle auf dem Scheiterhaufen. Es war das Zeitalter unaufhörlicher Massenvernichtung, praktiziert von menschlichen Gemeinschaften überall in der Welt. Einige sozusagen mystische Geschichtsinterpretationen deuten an, daß so zwischen 1500 und 1700 die Menschen durch die Reformation und das ganze Drumherum massenweise zu einem neuen Ichbewußtsein gelangten, das wiederum eine ganze Reihe völlig veränderter Auffassungen über das Moment der persönlichen und gesellschaftlichen Schuld nach sich zog und mit einem ausgedehnten Blutvergießen abgegolten werden mußte.

Wie Norman Cohn es in seinem »Europe's Inner Demons« ausdrückt, war zu jener Zeit ein ganzer Kontinent besessen von »dem Drang, die Welt zu reinigen, indem eine ganze Klasse von Menschen ausgerottet werden sollte, die man für die treibende Kraft des Sittenverfalls und die Verkörperung des Bösen hielt«. Die menschlichen Wesen, die als Übermittler des Bösen agierten, waren in ihrem äußeren Erscheinungsbild auf ganz tückische Weise normal, auch an ihren Verhaltensweisen war nichts Außergewöhnliches zu entdecken; und überall wimmelte es geradezu von diesen Leuten: sie konnten ›jedermanns Freund oder Verwandter sein‹ – davon waren auch die Nachbarn der Kranken von Pont-St.-Esprit überzeugt – und das Beste, was man der Welt antun konnte, war, sie allesamt zu verbrennen.

Diese Auffassungen trugen dazu bei, das eigentümliche geistige Klima zu erzeugen, von dem die westliche Gesellschaft bis zum heutigen Tage noch erfüllt und durchdrungen wird. Wenn man einmal bedenkt, wie es wohl gewesen sein muß, in einem Zeitalter zu leben, in dem die konvulsivischen Mutterkornepidemien an der Tagesordnung waren: Man wurde zum Zeugen eines furchterregenden Wahnsinns, der urplötzlich und ohne jegliche Vorwarnung zuschlug, ohne ersichtlichen Grund, von ganzen Familien und Städten auf einmal Besitz ergriff durch unbeschreibliche und phantastisch anmutende Schübe geistiger Verwirrung, die Wochen, Monate und Jahre anhielten.

Tatsächlich konnte man nie hundertprozentig sicher sein, ob jetzt jemand wirklich geistig gesund war oder es nur, wenn er einmal gerade nicht seine Anfälle ›dämonischer Besessenheit‹ hatte, spielte. Weitaus schlimmer war jedoch, daß die Leute während ihrer Anfälle so eindeutig obszöne und gotteslästerliche Schwüre äußerten und Visionen beschrieben, die sich so unwahrscheinlich weit außerhalb des normalen Erfahrungsbereichs eines gottesfürchtigen, hart arbeitenden Bauern bewegten, daß man eigentlich nie ganz sicher war, wer von diesen gepeinigten Menschen jetzt unschuldiges Opfer dieses Hexenzaubers und wer der obszöne und gotteslästerliche Hexer war, der die Schuld trug an dieser Massenepidemie. Was autoritären Köpfen unweigerlich dazu einfällt, ist, daß es wohl das Sicherste ist, diese Leute in solchen Momenten allesamt zu verbrennen.

Natürlich war der Ergotismus nur einer von vielen Gesichtspunkten, der auf die Herausbildung der Grundzüge des westlichen Bewußtseins einwirkte – ein Bewußtsein, das dazu neigt, der eigenen Sinneserfahrung zutiefst zu mißtrauen und sie geringzuschätzen –, aber das Mutterkorn tauchte eben während 1000 Jahren fortwährend in Europa auf, und deshalb muß es wohl auch Wirkungen hinterlassen haben.

Im Jahre 1676 hielt Dr. Denis Dodart vor der Königlichen Akademie der Wissenschaften in Frankreich einen Vortrag, in dem er den auf Roggen wachsenden Pilz als Verursacher des Antoniusfeuers behandelte. Zwanzig Jahre später, etwa genau zur Zeit der Salemer Hexenprozesse, veröffentlichte ein Herr Brunner aus Deutschland dieselbe denkwürdige Entdeckung. Als gelehrter Arzt aus Europa fand er das zwar alles sehr interessant, aber – verdammt noch mal – er wußte tatsächlich nicht, was er sonst noch damit anfangen konnte. Und somit zählt er nicht unbedingt zu den Menschen, die die modernen Naturwissenschaften und die Medizin auf ihrem Weg nach oben beflügelt haben.

Bei der nächsten großen Heimsuchung durch das Mutterkorn im Jahre 1777 war man schon darauf vorbereitet. Nach einem kalten Frühjahr und einem windigen Sommer begannen die Bauern im August damit, das ›Kümmelkorn‹ unmittelbar nach dem Dreschen zu verbacken. Als sich daraufhin unter den Leuten wieder einmal der Wahnsinn breitmachte, beschlagnahmte die Regierung das schlechte Getreide und teilte in den verseuchten Gebieten kleinere Mengen Weizen aus. Die Opfer der ›Nervenkrankheit‹ trieb man in Asylen und Hospitälern zusammen, wo sie von völlig faszinierten Ärzten mit Einläufen, Brechmitteln und sogar mit »Schocks aus einer Maschine, die unter elektrischer Spannung stand«, bearbeitet wurden. Keine dieser Anwendungen tat den Patienten merklich gut, andererseits rettete die gesunde Ernährung in diesen Institutionen zweifellos Hunderten das Leben. Mit Einsatz des Winters bemerkte man allerdings, daß den Bauern der Weizen ausgegangen war. Notgedrungen teilte man ihnen jetzt das schlechte Getreide aus, und das Feuer tauchte wieder auf.

Um das Jahr 1790 sandte man öffentliche Ausrufer zu den Dörfern auf dem Land; sie beschrieben den Bauern aufs genaueste die Mutterkornvergiftung und deren Auswirkungen. Vor der Erntezeit wurden überall technisch ausgefeilte Dreschmaschinen verteilt, und die Folgen waren daraufhin so bemerkenswert – das heißt, die Mutterkornvergiftung konnte im wahrsten Sinne des Wortes zum Verschwinden gebracht werden –, daß sich die Franzosen nach einer gebührlichen Zeitspanne dieser Aktion anschlossen. Das Ergebnis war, daß damit die Mutterkornvergiftung als bedeutsame Krankheit ausgerottet war, und zwar noch ein Jahrhundert bevor die Wissenschaft an dem Punkt angelangt war, von wo aus die Ursachen und Auswirkungen der Krankheit systematisch untersucht werden konnten. Der endgültige Todesstoß wurde der Mutterkornvergiftung von der einfachen und bescheidenen Kartoffel versetzt, die noch vor dem Jahre 1850 in Europa den Roggen als Armeleuteessen ersetzte.

Dies war also das vorläufig letzte Kapitel der Mutterkornvergiftungen; in der Sowjetunion allerdings blieben sie so lebendig wie eh und je, so daß sogar noch im Jahre 1927 das Feuer über 11 000 Bauern in der Ukraine ausbrach. Als einige Jahre später eine Kolonie jüdischer Emigranten in England an einer Ladung verdorbenem Roggen aus Yorkshire erkrankte, betrachtete man die Krankheit nur noch als kleinere medizinische Rarität.

Tatsächlich waren die in diesem Falle auftretenden Symptome auch vergleichsweise schwach und beschränkten sich meistens nur auf Jucken, Muskelzukken, Schwindelgefühle und Depressionen, jedoch ohne Halluzinationen.

Im Jahre 1943 flippte dann Dr. Albert Hofmann irrtümlicherweise an einer Dosis Mutterkornextrakt aus, und das Zeug trat erneut seinen Weg in die Geschichte an. Dr. Hofmann schrieb dazu später: »Ich wurde von einer eigenartigen Unruhe erfaßt, die mit leichtem Schwindelgefühl einherging... Ich legte mich hin und versank darauf in eine Art Rauschzustand, den ich ganz und gar nicht als unangenehm empfand und in dem meine Phantasie sehr stark zu arbeiten begann. Als ich so in diesem benommenen Zustand dalag, die Augen geschlossen, weil ich das Tageslicht als unangenehm grell empfand, wurde ich von einem ununterbrochenen Strom phantastischer Bilder überflutet, die außerordentlich plastisch und lebendig wirkten; begleitet wurden sie von einem intensiven, kaleidoskopartigen Farbenspiel. Dieser Zustand ging allmählich nach zwei Stunden wieder vorbei.«

Eine Woche später wurde Hofmann von seinem Wissensdurst dazu getrieben, LSD-25 ganz bewußt auszuprobieren, und zwar in der eigentlich schon nicht mehr existenten Menge von 25 mg. Immerhin ist dieses Viertel Milligramm Acid genausoviel wie 250 ›mikes‹, das heißt so viel, wie man für einen durchschnittlichen 8-Stunden-Trip braucht.

»Soweit ich mich erinnern kann«, berichtet Hofmann, »waren folgende Symptome höchst bemerkenswert: Schwindelanfälle: seltsame Verzerrungen: die Gesichter der Leute um mich herum erschienen grotesk: bunte Masken: ausgeprägte motorische Unruhe, die im Wechsel mit Lähmungserscheinungen auftrat: vorübergehende Schweregefühle im Kopf, den Gliedmaßen und im ganzen Körper, als wäre er mit Blei gefüllt: trockene und enge Kehle: Erstickungsgefühle: deutliches Erkennen meines Zustandes, in dem ich manchmal unbeteiligter, neutraler Beobachter war, beinahe wie ein Geisteskranker schrie oder unzusammenhängende Worte brabbelte. Manchmal fühlte ich mich..., als sei ich aus meinem Körper herausgetreten.«

Dies ist wohl kaum dasselbe, was die Nonnen von Loudon erlebten oder »unsere armen besessenen Leute« in Salem oder M. Delaquis aus Pont-St.-Esprit, obwohl sicherlich einige ganz offensichtliche Ähnlichkeiten bestehen. Der Unterschied besteht darin, daß es dank der Extraktion von Acid aus allen anderen Mutterkornalkaloiden zu keinen wirklich grotesken körperlichen Symptomen kommt. Besser gesagt wird das LSD aus einem ganzen Komplex von Alkaloiden, die in dem Mutterkorn-Pilzgewebe vorkommen, extrahiert. In dieser isolierten Form beschränkt sich der Dope-Effekt rein auf die Psyche, indem im Gehirn die Produktion des Enzyms Serotonin gehemmt wird: Das Serotonin übt normalerweise eine geheimnisvoll dämpfende Wirkung auf die Aktivitäten des Zentralnervensystems aus; in dem Augenblick, wo es nun durch LSD (oder durch krankhafte Stoffwechselveränderungen) ausgeschaltet wird, werden sämtliche Nervenbahnen überladen, so daß der Betreffende ausflippt, bis das Serotonin-Gleichgewicht wiederhergestellt ist.

Im ›unbearbeiteten‹ Zustand tritt das Lysergsäure-Diäthylamid neben einer ganzen Reihe ähnlicher Alkaloide im Mutterkornpilz auf, von denen die meisten ihre ganz eigenen Wirkungen besitzen. Lange bevor der einzigartige Effekt von LSD entdeckt wurde, hatte man schon zuvor diese Alkaloide isoliert und sie für zahlreiche Arzneimittel in Gebrauch genommen.

Dabei war zu Beginn dieses Jahrhunderts entdeckt worden, daß sie als Ergotinin, Ergokryptin, Ergonovin, Hydroergotinin, Ergotoxin und Erginin auf direktem Wege das autonome Nervensystem beeinflussen, im besonderen das Gefäßnervenzentrum. Sie wirken hemmend auf das gesamte Herz- und Gefäßsystem und schalten die Wirkungen des Adrenalins aus. Forscher früherer Zeiten gerieten jedoch in ziemliche ›Verwirrung‹ über die immensen ›Schwankungen‹ in der Wirkungsweise dieser hochgradig instabilen chemischen Substanzen; so wurden Ergebnisse erzielt, bei denen die von den Versuchspersonen beschriebenen Wirkungen völlig voneinander abwichen, und selbst die Erfahrungen bei zwei aufeinanderfolgenden Versuchen mit derselben Dosis konnten unterschiedlich verlaufen. Nach und nach gelangte man zu dem Ergebnis, daß das Ergotamin das stabilste unter den Mutterkornalkaloid-Verbindungen war. In der Medizin wird es hauptsächlich als Wehenmittel und zur Behandlung von Migräne verwendet; es wirkt als Erreger auf nicht dem Willen unterworfene Muskelfasern, wie zum Beispiel das Myocard und die Eingeweidemuskulatur: Bei Frauen kann es die Menstruation auslösen, bei Schwangeren Kontraktionen des Uterus bewirken. Es zieht vor allem im Bereich der Hände und Füße in starkem Maße die kleineren Blutkapillaren zusammen, so daß eine starke Überdosis zum Brandigwerden der Gliedmaßen – le mal des ardents – führen kann.

Da das beste LSD direkt aus dem Ergotamin gewonnen wird, lernt man die Notwendigkeit schätzen, es von allen lungenlähmenden und muskelverkrampfenden Substanzen zu reinigen.

Die Methode, die von Hofmann selbst bei Sandoz entwickelt wurde, erwies sich als die beste; bei ihr wird zuerst das Lysergsäure-Amid isoliert und dann hydrolysiert (mit Wasser gespalten), um reine Lysergsäure zu erhalten. Dieses kunstvolle Unterfangen erfordert eine Menge teurer Geräte und ungewöhnlicher Chemikalien, und es ist zweifelhaft, ob selbst ein Stanley Augustus Owsley Zugang zu dieser Art von Ausrüstung hatte; von daher gesehen sollte es nicht verwunderlich sein, wenn in seinem gefeierten ›Purpur‹ (purple) nicht vielleicht doch letzte Spuren des guten alten Hl. Antonius und seine Gefäßverenger auf der Lauer gelegen sind.

Badewannen-Chemiker setzen sich ganz schön über die Notwendigkeit hinweg, das Zeug, das sie da produzieren, von allen anderen, als Nebenprodukt entstandenen Molekülen zu säubern. Was ist schon ein bißchen Ergotoxin unter Freunden? Nur dumm, daß man, wenn man Acid genommen hat, gegenüber jeglicher Abweichung empfindlich ist, egal ob es sich dabei um eine ›bedeutende‹ handelt oder nicht. Jedenfalls sieht es wohl so aus, daß das meiste für den Hausgebrauch bestimmte Acid, Marke USA, überhaupt nicht aus Mutterkorn hergestellt ist. Selbst im »Hashberry während des Sommers der Liebe« (flower power) wäre es schwierig gewesen, eine Ladung Roggen zu züchten und dann auch noch den ›Claviceps‹ dazu zu bringen, daran festzukleben. Wie ich höre, bringen sie das Zeug bei Sandoz dazu, gallonenweise in riesigen Bottichen zu wachsen – genug, um die ganze Welt ausflippen zu lassen! – wie ich außerdem höre, haben sie auch das Patent darauf. Gelegentlich kann es zwar vorkommen, daß ein Dealer einem Chemiker im Untergrund etwas von diesem Arzneimittel-Ergotamin beschafft – dann bleibt aber immer noch das Problem, wie man das Acid herausbekommt.

Penicillin und der Schwarzbrotschimmel Rhizopus liefern den Mutterkorn-Alkaloiden chemisch verwandte Verbindungen, aber es ist schwierig, von diesem Zeug eine gesunde Kultur anzulegen. Chemiker aus meinem Bekanntenkreis empfehlen deshalb, statt dessen Samen der Winde (Convolvulus) zu verwenden, vor allem den ›Hawaiian baby woodrose‹. Die Samen werden fein zermahlen, dann $NaHCO_3$ hinzugefügt; diese Mischung läßt man daraufhin ›einen Tag‹ lang in Äthylacetat liegen, filtert dann das Ganze und extrahiert das Äthylacetat mit Weinsteinsäure: Der daraus gewonnene

Extrakt wird wieder mit $NaHCO_3$ basisch gemacht, noch einmal mit Äthylacetat behandelt und getrocknet: Das Äthylacetat wird im Vakuum extrahiert; was übrigbleibt ist die Lysergsäure plus diverse Verunreinigungen. Der gesamte Vorgang wird so lange wiederholt, bis der Chemiker beschließt, daß das Acid jetzt ›sauber‹ genug für den häuslichen Gebrauch ist.

Bei Gott – es war mir nie sauber genug. Nachdem es 1967 bei den Sandoz-Werken ausging (und ganz offensichtlich kam es doch von Sandoz), konnte ich dieses Badewannen-Acid einfach nicht ausstehen. Da es unwahrscheinlich ist, daß in der Zeitspanne zwischen dem letzten Zeug von Sandoz und den ersten ›Brown Dots‹ (höchstens ein paar Wochen lagen dazwischen) irgend etwas passiert ist, das von so schwerwiegender Bedeutung für mein Seelenleben gewesen wäre, daß ich mich in einen weniger begeisterten Dope-Anhänger verwandelt hätte, muß ich wohl stark annehmen, daß es einen Unterschied in der Qualität der beiden Acids gegeben haben muß. Aber an sich hat sich ja diese Frage in der Zwischenzeit selbst erledigt, da ja Sandoz sowieso seither nichts mehr von dem Acid herausgerückt hat, bis Tim Leary seinen Kohoutek entdeckte. Und was mich anbelangt – ich bin jetzt voll auf Scotch.

O edelstes Grün,
du wurzelst in der Sonne,
strahlst auf in leuchtender Helle
in einem Kreislauf,
den kein irdisches Sinnen begreift:
Du bist umfangen
von den Umarmungen der Geheimnisse Gottes.
Du schimmerst auf wie Morgenrot,
du glühst in der Sonne Flammen!

(Hildegard von Bingen, *Carmina 39*) *(1)*

Nachwort: Die Kraft im Kraut

Die Mehrzahl der Texte, die seit dem Mittelalter publiziert wurden und Aussagen und Informationen über die von Hansen beschriebenen psychoaktiv wirksamen Kräuter und Pflanzen enthalten, ergehen sich entweder in (zweifellos berechtigten) Warnungen vor den Gefahren und Folgen für Leib und Verstand, die der Genuß dieser Pflanzen mit sich bringen kann, oder sie erschöpfen sich in langweilig-langatmigen Beschreibungen von in abstoßender Weise geschilderten Unzuchtsorgien (den sogenannten Hexensabbaten) oder sonstigen scheußlichen Riten und satanischen Zeremonien.

Hieraus entstand die bis heute unrevidierte Meinung, der Konsum der Hexendrogen sei für die Beteiligten nur mit äußerst unangenehmen psychischen Begleitscheinungen und psychischen Erlebnissen verbunden gewesen, die in jedem normalen Menschen nur Abscheu und Ekel auslösen konnten.

Im geschichtlichen Rückblick gesehen handelt es sich aber dabei um Behauptungen und Vorwürfe, die von christlichen Inquisitoren und ›rechtgläubigen‹ Theologen seit dem Bestehen erster christlicher Gemeinden bis zur Reformationszeit immer wieder allen als häretisch verdächtigten, mißliebigen Gruppen in fast gleicher Form unterstellt wurden; gleich ob es die Gnostiker, Tempelritter, Waldenser, Katharer, Hexen oder die protestantisch gewordenen Bürger von Bern zu verfolgen gab!

Die Behauptung des Kirchenvaters Epiphanias (2) z. B., die Gnostiker bereiteten aus lebend dem Mutterschoße entnommenen menschlichen Embryonen und einer Reihe anderer Zusätze eine Art Paste, die sie bei ihren sabbatähnlich geschilderten ›Liebesmählern‹ gemeinsam konsumierten, dürfte dazu geführt haben, später die Hexen anklagen zu können, das ausgelassene Fett getöteter Säuglinge und Kinder bei der Bereitung ihrer Flugsalben benutzt zu haben.

Auch die Anschuldigungen (3) der Inquisitoren (4) gegen die Tempelritter, beim Eintritt in den Orden küsse der Präzeptor (neben der Verpflichtung zu noch anderen ›antichristlichen‹ Riten wie z. B. der Praktizierung von homosexuellen Handlungen) den Neophyten ›hinter dem Altar‹ auf den nackten Hintern, tauchen in den Sabbatberichten wieder auf, wo neu eingeführte Hexen als Zeichen ihrer Unterwerfung dem Teufel oder seinen Gestaltungen als Bock oder Kater den Hintern küssen müssen und dieser sie dann (als Zeichen seines Dankes!?) auf das scheußlichste beschläft.

Daß der Genuß der bei uns wachsenden oder anbaubaren Hexenkräuter sexuelle Vorstellungen und Sabbatflug-Halluzinationen tatsächlich erzeugen und begünstigen kann, zeigen in der neueren Zeit die Selbstversuche eines Kiesewetter, Peukert und Mrsich.

Besonders Mrsichs (5) Erlebnisse nach dem Einreiben mit einer nach alter Rezeptur gemischten und in der Walpurgisnacht aufgestrichenen Hexensalbe bestätigt die Vermutung Hansens, daß die durch Drogen ausgelösten Sabbaterlebnisse wahrscheinlich sehr viel angenehmer und ekstatischer abliefen, als die Hexenverfolger und ihre Auftraggeber es jemals hätten an die Öffentlichkeit dringen lassen können:

»Ich wußte nun, daß ich mich hinwünschen konnte, wohin ich wollte, und ich wünschte mich an den Ort einer Walpurgisorgie. Im Nu war ich dort. – Das Bild, das sich mir bot, war unbeschreiblich. Nackte weibliche Wesen von unsagbarer Schönheit schwebten dort umher. Waren es Feen, Göttinnen, Teufelinnen? Ich weiß es nicht. Menschliche Astralleiber waren es bestimmt nicht. Dazu waren sie zu schön. Ich sah also am Ort der Orgie keine Menschenwesen. Die Kunst, im ›Astralleib‹ an solchen Orten in der Walpurgisnacht zusammenzukommen, scheint auch den Hexen des Balkans verlorengegangen zu sein. Das einzige menschenartige Wesen, das ich unter den Geschöpfen der Astralebene sah, war die üppige, überaus sinnlich wirkende Gestalt einer Negerin, wohl einer Negerfürstin, von einem Sinnenzauber, wie ich es nie für möglich gehalten hätte. Außer den weiblichen Gestalten waren dämonische Wesen da; schreckerregend, aber doch grausig schön. Es ist kaum zu beschreiben. Diese Wesen haben nämlich etwas Unbeständiges

an sich. Sie sind wie in fortwährendem fließenden Flimmern begriffen, wie quirlende, schillernde Dämpfe. Entstehen immer eines aus dem andern, schimmernd, perlend, unfaßbar.

Ich mischte mich in den Reigen, wünschte mich zu der nackten Fee, die mir als die schönste erschien. Ihr Sinnenzauber war unschilderbar – und ich vereinte mich mit ihr. – – – Verglichen mit der Vereinigung zwischen einem menschlichen Astralleib und dem durchsichtigen, feinstofflichen Leib eines Wesens der Astralebene ist die geschlechtliche Vereinigung zweier Menschenkörper eine armselige Stümperei und der Organismus der körperlichen Liebesakte ein stumpfsinniges, täppisches Getaste. Zwei Astralleiber dringen bei der Vereinigung nicht nur zum kleinen Teil ineinander ein wie Menschenleiber. Nein, sie durchdringen sich ganz, durchschweben einander und berühren sich dabei mit allen Teilen ihres Leibes, was eine unsagbare, überirdische Wonne verursacht. – – –

Ich erlebte diesen übersinnlichen Genußrausch, diese Orgie des Gefühls der Psyche nicht nur einmal. Ich stürzte mich von Leib zu Leib, durchschwebte, durchkostete immer wieder neue und, wie mir schien, schönere; von Schaudern durchrieselt, von Wonnen durchbebt, von Lust durchtränkt. – Es wollte schier kein Ende nehmen. –

Wohl nicht von ungefähr schlägt Mrsich vor, solche induzierenden Drogen ›Ekstatika‹ zu nennen!

Es ist seltsam und auf eine ins Auge springende Weise wohl typisch, daß in der einschlägigen Literatur kaum einmal im Zusammenhang mit dem Gebrauch der magischen Hexenkräuter der Gedanke auftaucht, die Hexen könnten ihre Drogen noch in anderer Weise gebraucht haben als nur ausgerechnet dazu, sich negativ anzutörnen und in Horrortrips zu schwelgen.

Hansen nähert sich einer solchen anderen Auffassung, wenn er fragt, ob Hexenflug und Hexensabbat nicht doch wirklich stattgefunden haben, »wenn auch vielleicht auf einer Ebene, die wir bis jetzt noch nicht auszukundschaften vermochten...«

In seiner Studie (6) über »Hexendrogen und Feenkräuter« berichtet der Schweizer Mythen- und Sagenforscher Sergius Golowin von den altindischen Sehern, daß diese glaubten, sie könnten durch ihre magische Pflanzenkunde das ganze Weltall überblicken:

»Die indischen Sagen wissen: ›In den Kräutern ist die ganze Kraft der Welt. Derjenige, der ihre geheimen Kräfte kennt, der ist allmächtig.‹ (Und:) Im Atharvaveda wird gelehrt: ›Drei sind der Himmel, Erden drei und Weltgegenden sind sechs, / Ich will die Wesen alle sehen, o göttlich Kraut, durch deine Kraft‹.«

Golowin, der, abweichend von der gängigen Praxis, Aussagen über die Hexen anhand der Berichte ihrer Verfolger zu treffen, hauptsächlich aus der Analyse von Märchen Folgerungen über die (Vorstellungs-)Welt der Hexen zieht, kommt für die Krautpraxis der europäischen Hexen zu ähnlichen Schlüssen wie für ihre indischen Ahnen: *All-Es* zu durchschauen, also den göttlichen Ursprung, Zweck und Sinn des ganzen Da-Seins zu finden, war Ziel der magischen Fahrten der Hexen, und es war sicher auch diese zeitlos gültige Kunst, die sie ihren Klienten in magischen Sitzungen weitervermittelten:

Das einem graugewordenen Alltag verhaftete Aschenputtel entdeckte so in sich (auch) die Prinzessin.

In einem plumpen und sich wie ein häßlicher Frosch gebärdenden Jüngling kann ein liebendes Mädchen plötzlich ihren Herzensprinzen erkennen.

Die geheime Zauberkraft der magischen Kräuter öffnete manche, vorher nicht sichtbare ›Türen im Fels‹ und schaffte dadurch andere, erweiterte Bewußtseinszustände: Der Held/die Heldin blickt aus ihrem Alltag in den ›plötzlich‹ göttlich und golden gewordenen All-Tag und kann sich so z. B. von einem Moment auf den anderen in einem paradiesischen, von Feenwesen bevölkerten Lustgarten befinden, wo gerade vorher noch eine Gesellschaft von Langweilern scheinbar lustlos einen Park bevölkerte.

Gut verdeutlicht eine solche Sicht einer immer vorhandenen ›magischen Gegenwart‹ eine Anekdote, die Jorge Luis Borges über Paracelsus berichtete: Als eines Tages ein Adept mit einem Beutel Gold kam und begehrte, der Meister solle ihm helfen, das Paradies wiederzufinden, schalt dieser ihn einen Narren: er sehe wohl nicht, daß das Paradies uns niemals genommen worden, sondern noch immer in aller Herrlichkeit um uns sei.

Der ehemalige Harvardprofessor für Psychologie, Timothy Leary, auf Grund seiner vielfältigen, wenn auch umstrittenen Arbeiten doch mittlerweile als eine Art moderner Alchimist anzusehen, erklärt solche Fahrten und Erlebnisse ganz im Zusammenhang mit neuesten Theorien über zukünftige Funktionen und Möglichkeiten unseres doppelthemisphärig gegliederten Gehirns, eines (so Leary) bisher weitgehend ungenutzten ›20-Milliarden-Zellen-Bio-Computer-Systems‹:

»Eine Hälfte des Nervensystems, uneingeprägt und

unkonditioniert, wird dem Bewußtsein durch die rechts-händigen Imprints und Konditionierungen vorenthalten. Wenn allerdings die konditionierten Synapsen-Kreise überschritten werden (z. B. durch die Einnahme einer psychedelischen Droge, W. B.), ist das Bewußtsein nicht länger fixiert, eingesperrt durch die üblichen Zwänge des sozialen, mentalen und emotionalen Lebens, sondern ist frei, die unkonditionierten Pfade der schweigenden Hemisphäre zu erkunden. Die rechte Hemisphäre des Gehirns existiert als eine neue Welt, um betreten, erforscht und harmonisch nutzbar gemacht zu werden. Es kann gut möglich sein, daß die Entdeckung und Erforschung der schweigenden Neutral-Hemisphäre sich als bedeutsamer in der menschlichen Evolution herausstellen wird als die Entdeckung der schweigenden Hemisphäre vor 500 Jahren.« (7)

(Diese dem bewußten Bemühen verschlossen bleibenden ›Tore und Pfade‹ und die in den Märchen oft auch erwähnten endlosen (Tunnel)gänge in die Feenwelten sind, anatomisch gesehen, nichts anderes als das Corpus Callosum, das Verbindungsstück zwischen unseren beiden Gehirnhälften.)

Die Entdeckung, daß, wie es viele Mystiker formulierten, in der kosmischen Schau »alles mit allem« zusammenhängt, also mikrokosmisches Geschehen (auf der Ebene menschlichen Handelns) makrokosmische Vorgänge zu beeinflussen scheint und umgekehrt, erschreckt den, der sich das erste Mal in solche Ebenen begibt, zutiefst und – wie immer wieder berichtet wird – existentiell: Die geschaute neue/alte Welt erscheint dann oft in paranoider Weise blasphemisch verzerrt und obszön überlagert. Leary hier: »In die ›schweigende Hemisphäre‹ hinüberzuwechseln schließt ein, eine hedonistische Bresche zu schlagen, die hedonistische Barriere zu verletzen und einen hedonistischen Boom zu erzeugen, der augenblicklich alle voraufgegangenen eingeprägten und erlernten Werte zerrüttet. Das Bewußtsein scheint in all die verbotenen und gefährlichen Areale einzudringen: das ›Unterhalb‹, das ›Dahinter‹, das ›Falsche‹ und das ›Gegengeschlechtliche‹. Der erste Kreis schreit ›Gefahr! Rot-Alarm!‹ Der zweite Kreis ruft ›Paß auf! Du bist hilflos!‹ Der dritte Kreis warnt ›Unbekannt. Hüte dich! Du hast nicht recht!‹ Der vierte Kreis, überwältigt durch vielfältiges Geflüster ›Teufel! Unverantwortlich, Verletzung der Sexual-Rolle‹.«

Einen Unvorbereiteten, der Hexensalben zufällig oder aus Neugier benutzte, mag das Erlebte und der Horror über das Ungeheure, in die normale Alltagserfahrung nicht Einordnenbare des Gesehenen so erschreckt haben, daß nur noch der Gang zum exorzisierenden Priester die Seele vermeintlich zu retten vermochte: ›Pannen‹, die die von kirchlicher Seite verbreiteten Sabbatberichte noch weiter verfestigt haben mochten...!

Auch in Tripberichten aus neuerer Zeit finden sich fast immer auch Bilder von (wenn man es so sehen will) pervers-sexuellen Vermischungen phantastischer Wesen und der Geburt neuer, noch ungeheurerer Kreaturen; ja oft scheinen ganze Galaxien in einem endlos orgiastischen Tanz miteinander verschlungen zu sein. Diese Schau scheint aber nicht nur der Ausfluß drogenzerrütteter Gehirne zu sein: Vermuten doch mittlerweile nüchterne Physiker beim Blick durch ihre Elektronenmikroskope schon, daß sich selbst bei Elementarteilchen die Anziehung und der Tanz umeinander offenbar nicht ohne Erotik abspielt!

Nicht nur das ›Fliegen‹ und Schauen in ›räumlicher‹ Hinsicht scheinen die magischen Drogen ermöglicht zu haben, sondern auch ein Schauen in die Zeit. So läßt in einer altitalienischen Fassung des Rapunzel-Märchens die Heldin bei ihrer Flucht aus dem ›Garten der Hexe‹ aus den der Zauberin gestohlenen Kräutern einen Wolf, einen Löwen und einen Hund entstehen, um sich der Verfolgerin zu entziehen. (9) Nach der mittelalterlichen Symbolsprache läßt sie also wahlweise vergangene (Wolf), gegenwärtige (Löwe) und zukünftige (Hund) Zeiten einander abwechseln, um ihre Gegnerin zu verwirren... Gustav Schenk, der in den Vierzigern viel mit Nachtschattendrogen experimentierte (10), erlebte solche ›Zeitreisen‹ auf seinen ›Fahrten‹ wieder:

»Die Haare sahen in der Vergiftung, so könnten wir kühn sagen, die Haut bekam Augen, mit den Fingern hörten wir, die Nase schmeckte, tausend, abertausend neue Möglichkeiten wachten in uns auf, die wir uns nicht nur allein über die Erde tragen. Begabungen, Eigenschaften, physische und psychische Erbschaften ungezählter Geschlechter, lange Ketten von lebendigen Wesen, die vor uns über den Planeten schritten, die wachten in uns auf, und wir trugen sie mit uns.

Laßt uns in die Tiefe der Zeit sehen, die vielleicht nur ein Phantom ist, und ein Vorwärts oder Rückwärts – es ist gleich, ein Morgen und ein Heute – vielleicht ist so zu denken umsonst –, doch wir wissen nicht nur mit dem Intellekt, daß alles Lebendige in uns wohnt. Wir sind nicht in der Menschenform von einem anderen Stern gestürzt. Amphibien und Säuger, Pflanzen und Erz, sie sind verborgen in uns und walten unter der Kruste unserer hellen Tage. Da wachten nun die Schatten der Nacht auf, die Helle zerriß, und die Finsternis gebar im Giftrausch ungefühlte, ungesehene, unbetastete Fakten. In der Ekstase, im Manischen, im verlorenen Gedächtnis, in Wildheit und Wut standen die verschollenen Titanen auf und ergriffen von uns Besitz. Tiere und Götter, Dämonen und auch Heiterkeit und Zorn der Götter, die erlebten wir, wir konnten sie erleben, das ist eine nicht zu leugnende Wahrheit.«

Zumindest als These sollten wir uns also mit dem Gedanken befreunden, daß die Hexen-Drogen und Hexen-Salben für den, der sie ›nach der alten Kunst der Kräuterwissenschaft‹ einzusetzen verstand, auch ›technische Mittel‹ waren, die mit ungleich viel weniger Aufwand bessere wissenschaftliche Ergebnisse über mikro- und makrokosmische Abläufe und Strukturen lieferten, als wir es heute mit unseren vergleichsweise plumpen Elektronenmikroskopen, Riesenfernrohren und fußballfeldgroßen Teilchenbeschleunigeranlagen erst wieder zu ahnen vermögen.

Welche unglaublich präzisen Einblicke in den Tanz (oder wenn man will: auch Sabbat) der Natur dem ›erfahrenen Reisenden‹ möglich sind, davon gibt Learys Bericht (11) über eine tief-psychedelische Sitzung vielleicht eine ungefähre Vorstellung:

»...diese weitere Ebene ist noch eigenartiger und erschreckender: Es ist die präzellulare Ebene, die nur unter einer starken Dosis LSD erlebt wird. Unsere Nervenzellen wissen – wie Einstein wußte –, daß alle Materie, jede Struktur pulsierende Energie ist; nun, da gibt es einen überwältigenden Moment in der tief-psychedelischen Sitzung, wenn der Körper und seine Umwelt sich

in schimmerndes Gitterwerk pulsierender weißer Wellen auflösen, in stille, subzellulare Welten pendelnder Energie. Doch dieses Phänomen ist nicht neu. Mystiker und Visionäre haben es in den letzten 4000 Jahren überlieferter Geschichte als das ›weiße Licht‹ oder den ›Energietanz‹ bezeichnet. Plötzlich wird einem klar, daß alles, was man als Realität oder als das Leben überhaupt – einschließlich des eigenen Körpers – angesehen hat, nur ein Tanz der Teilchen ist. Man fühlt sich völlig allein in einer toten, unpersönlichen Welt aus roher Energie, die sich von den eigenen Sinnesorganen nährt. Das ist eine der ältesten orientalischen Lehren: daß nichts existiert außer in der Chemie unseres eigenen Bewußtseins. Doch wenn es einem das erste Mal durch das LSD-Erlebnis geschieht, kann es als beklemmende, isolierende Entdeckung wirken. Wenn der unvorbereitete LSD-Reisende an diesem Punkt angelangt ist, ruft er oft aus: ›Ich bin tot!‹ Und er sitzt da, gelähmt vor Furcht, und hat Angst, sich zu bewegen. Für den unerfahrenen Reisenden jedoch kann diese Offenbarung berauschend sein: Er ist in Einsteins Formel gestiegen, eingedrungen in die letzte Natur der Materie, er pulsiert in Übereinstimmung mit seinem ursprünglichen, kosmischen Rhythmus.«

In welche Tiefe der Schau das Arbeiten mit den Hexenkräutern führen konnte, zeigen z. B. auch die prophetisch-visionären Schriften der im 12. Jahrhundert lebenden, kräuterkundigen Ärztin und Äbtissin Hildegard von Bingen.

Anzunehmen, Hildegard, die als letzte ihrer Epoche die Kunst der Kräuterwissenschaft noch offiziell, wenn auch nicht ohne Schwierigkeiten, vertreten konnte, habe ausgerechnet vom magischen Brauch der Hexenkräuter nichts gewußt, erscheint äußerst unwahrscheinlich. (12) Zu sehr auch feierte die Seherin Hildegard in ihren kosmischen Offenbarungen gerade das Grün (13) als die alles in dieser Welt durchdringende Kraft. Für sie lebt es »in der Flamme, schillert in den Gewächsen, feuchtet im Stein, weht in der Luft. Grün ist gezeugtes Licht, das alle Natur zu goldener Reife kocht«. (14)

Grün ist damit für sie die Farbe der sich auf diesem Planeten immer wieder inkarnierenden göttlichen Schöpfung.

Wie die indischen Weisen vor ihr und moderne Theosophen, wie z. B. Rudolf Steiner, 700 Jahre nach ihr, sah sie den Menschen von seinem Ursprung her noch als allmächtig und im ewigen Bunde mit dem Grün: die ganze Natur noch zu Diensten und alle Elemente in seiner Verfügung, damit aber auch verantwortlich für das All:

»Und so dienten alle Elemente ihm freiwillig, weil sie spürten, daß er Leben hatte. Sie kamen seinen Unternehmungen entgegen und wirkten mit ihm wie er mit ihnen.«

(Nicht sehr viel anders beschreiben heutige Deuter des Tarot, in dessen Karten ja das ganze Weltenspiel abgebildet sein soll, die ›höchste‹ Karte, die des Magiers, Meisters und kosmischen Menschen, der es vermochte, als ›Narr‹ beginnend sein Lebensspiel mehr und mehr in Einklang mit sich und der Welt zu bringen, sich also dem ewigen Tanz des Seins harmonisch einzufügen.)

Zusammenfassend:

Nachdem die neuere Forschung dabei ist, das seit dem Mittelalter von ihren Verfolgern und konservativen Historiographen gezeichnete Bild der Hexe in offenbar mehr faßbaren (und mit sichtbarer Leistung) verbundenen Aspekten positiv zurechtzurücken und die Hexe heute als fähige Bauernärztin, Seelenführerin und Psychotherapeutin erscheint, ist zu überlegen, ob nicht auch die noch immer gültige Sicht von der ›tumben, drogentollen Teufelshure‹ einer Revision bedarf:

Daß sie also bei ihren magischen Fahrten und Flügen keinesfalls nur transzendentale Masturbation betrieben hat, sondern auch fähig war, den anfänglich sich fixierenden Reigen ekstatischer Bilder und Vorstellungen zugunsten einer noch tieferen Begegnung mit dem Göttlichen aufzulösen und sich und die Welt vielleicht viel weiter ›(er)fahren‹ hat, als es die Theologen in ihren sadomasochistisch gefärbten Schreckensbildern vom Teufelssabbat sich vorstellen konnten bzw. wollten.

Wer sich allerdings aufgerufen fühlt, der Hexe in ihren Garten zu folgen, um ein Kräutlein zu suchen, das ihm/ihr erlaubt, den Hexen auch auf ihrem Flug zu folgen[1], der beherzige, was Hans-Peter Duerr in seinem Buch »Traumzeit« (15) den Wißbegierigen über den Umgang mit den Nachtschattengeistern hinter den Spiegel steckte:

1. Sie wollen nicht aus Jux und Tollerei gerufen werden. Wenn sie Lust verspüren, eine Bekanntschaft zu machen, dann werden sie es den Betreffenden schon wissen lassen.
2. Die Fahrkarten, die sie austeilen, sind bisweilen *einfach;* es fehlt die Rückfahrkarte.

Wolfgang Bauer

[1] um das verlorengegangene Corpus des geheimen Hexenwissens wiederzufinden,

Anmerkungen

(1) Hildegard von Bingen ›Gotteserfahrung und Weg in die Welt‹, Herausgegeben von Heinrich Schipperges. Olten 1979, S. 139.

(2) Epiphanias, Bischof von Salamis auf Zypern, in seiner im 4. Jahrhundert verfaßten Schrift ›Panarion Haereses‹ (= Arzneikasten gegen die Häresien), zitiert in Karl R. H. Frick ›Licht und Finsternis‹. Graz 1975, S. 112 f.

(3) Näheres zu der Verfolgung der Templer siehe z. B. in J. R. Grigulevic ›Ketzer – Hexen – Inquisition‹. Berlin 1976, 234 f.

(4) Die allgemein verleumderische Arbeitsweise der Inquisitoren hier geht besonders deutlich aus einer Schrift des Alanus (›Contra Waldenses‹) hervor, wo er in polemischer Absicht den Ursprung des Wortes catarus (= Katharer) statt aus dem Griechischen katharos (= rein) aus dem Lateinischen catus (= Kater) ableitet und so den Katharern unterstellen kann: »Sie heißen Katharer nach dem Kater, weil sie den Hintern des Katers küssen, in dessen Gestalt, wie sie sagen, Lucifer ihnen erscheint.«
So wurden auch noch die protestantisch gewordenen Berner von ihren katholischen Nachbarn verdächtigt, sich in ihren religiösen Zeremonien an Katzen zu versündigen, weshalb sie sie ›Katzenküsser‹ schimpften. Über diese Schmähung soll es zu einem langwierigen Grenzkrieg gekommen sein. (Quelle: A. J. Storfer ›Im Dickicht der Sprache‹. Wien 1937, S. 85 f.)

(5) Wilhelm Mrsich ›Erfahrungen mit Hexen und Hexensalben‹. 1957. In: ›Unter dem Pflaster liegt der Strand‹. Zeitschrift für Kraut und Rüben. Band 5. 1978, S. 117/118.

(6) Sergius Golowin ›Magie der verbotenen Märchen‹. Von Hexendrogen und Feenkräutern. Hamburg 1979. 3. Auflage, S. 5.

(7) Timothy Leary ›Neurologik‹. Löhrbach 1977, § IV. Leary im Zusammenhang mit dem bisher Diskutierten zu zitieren, scheint mir besonders dadurch vertretbar zu sein, daß seine ehemalige Frau ihn im Gespräch Freunden gegenüber einmal als den ›König der Elfen‹ bezeichnete!

(8) derselbe a.a.O. § VI
Dieser Aspekt des Einbruches des Bizarren und Obszön-Unheimlichen in scheinbar unverrückbare Realitäten des Alltags zieht sich z. B. durch das gesamte schriftstellerische Werk des amerikanischen ›Dichters des Phantastischen‹, H. P. Lovecraft.

(9) siehe Sergius Golowin, a.a.O., S. 102.

(10) Gustav Schenk ›Schatten der Nacht‹. Stuttgart 1939, S. 197f.

(11) Timothy Leary ›Politik der Ekstase‹. Berlin o. J. S. 33.

(12) Gerade beim Konsum bestimmter Nachtschattengewächse sollen langanhaltende, intensive Grünerlebnisse auftreten (Hans-Peter Duerr mündlich).

(13) ›Zufälligerweise‹ (?) ist Grün auch die heilige Farbe der Pflanzenkulte: »Die grüne Farbe war im Hexenwesen beliebt, der Teufel meist grün gekleidet, heißt in den Sagen Grünrock. Bei den Opferfesten sitzt er auf grünem Sessel, bei den Tänzen (trugen die Anwesenden) grüne Masken, bei der Trauung ein grünes Meßgewand.« (Sergius Golowin, a.a.O., S. 139).

(14) Heinrich Schipperges in seinen insgesamt äußerst lesenswerten Anmerkungen zu ›Hildegard von Bingen…‹, a.a.O., S. 140.

(15) Hans-Peter Duerr ›Traumzeit‹. Über die Grenzen zwischen Wildnis und Zivilisation. Frankfurt 1978.

Abbildungsverzeichnis

Seite 6: Hexengebräu. Aus Ulrich Molitor:
De lamiis et phitonicis mulieribus, 1489.
Seite 13: Die gottlosen Taten der Hexen. Aus Reinhard Lutz:
Warhafftige Zeitung von den Gottlosen Hexen, 1571.
Seite 22: Alraune. Aus Jacob Theodor Tabernaemontanus:
Neuw vollkommentlich Kreüterbuch, 1613.
Seite 35: Circe, Odysseus und die in Schweine verwandelten
Seemänner. Aus Hartmann Schedel: *Buch der Chroniken*, 1493.
Seite 37: Weibliche und männliche Alraune. Aus:
The Greete Herball, 1526.
Seite 38: Gemeines Bilsenkraut. Aus Carolus Clusius:
Rariorum plantarum historia, 1601.
Seite 48: Tollkirsche. Quelle unbekannt.
Seite 55: Hexen hantieren mit Leichen.
Aus Francesco-Maria Guazzo: *Compendium maleficiarum*, 1608.
Seite 56: Stechapfel. Aus Jacob Theodor Tabernaemontanus:
Neuw vollkommentlich Kreüterbuch, 1613.
Seite 63: Indischer Stechapfel. Aus John Gerard:
The Herball or Generall Historie of Plantes, erweitert
von Thomas Johnson, 1636.
Seite 64: Schierling. Aus Carolus Clusius:
Rariorum plantarum historia, 1601.

Seite 71: C. Frusotte, *Du blickst mich vergebens an*, 1786.
Seite 72: Eisenhut. Aus Carolus Clusius:
Rariorum plantarum historia, 1601.
Seite 81: Illustration aus: *Horus Apollo de Aegypte*,
1543 Jean Cousin.
Seite 88: Der Hexenritt, die Hexen sind als Tiere verkleidet.
Aus Ulrich Molitor: *De lamiis et phitonicis mulieribus*,
Ausgabe um 1500.
Seite 102: LSD-Formel und Mutterkorn. Aus: *Sphinx-Magazin*.
Seite 145: »Stechapfel« von Margarete Petersen

Bibliographie

AELIAN. *On the Characteristics of Animals*. Übersetzt von A. F. Scolfield. Loeb Classical Library, I–III, London, 1958–59.

ALBERTUS MAGNUS. *The book of minerals*. Übersetzt von Dorothy Wyckoff. Oxford, 1967.
The Book of Secrets of Albertus Magnus. Herausgegeben von Michael R. Best und Frank H. Brightman. Oxford, 1973.

APPOLONIUS RHODIUS. *Argonautica*. Übersetzt von R. C. Seaton. Loeb Classical Library, London, 1912.

ARBER, AGNES. *Herbals, Their Origin and Evolution*. 2. Auflage. Cambridge, 1938.

BACON, SIR FRANCIS. *The Works of Francis Bacon, I–V*. London, 1765.

BAROJA, JULIO CARO. *Die Hexen und ihre Welt*. Stuttgart, 1967.

BERGMARK, MATTS. *Vellyst or Smerte*. Übersetzt von Ole Hemmingsen, Dänische Bearbeitung von Otto Lindemark. Kopenhagen, 1967.

BOCK, HIERONYMUS. *New Kreutterbuch von underscheydt, würckung und namen der kreütter so in Teutschen Landen wachsen*. Strassburg, 1539 und 1551.

BRUNNFELTZ, OTHO. *Kontrafayt Kreuterbuch...* Strassburg, 1532, Fotomechanischer Nachdruck.

CLARK, ANNE. *Beasts and Bawdy*. London, 1975.

CULPEPER, NICHOLAS. *English Physician Enlarged...* London, 1653. Nachdruck, London, 1938.

DIOGENES LAERTIUS. *Lives of Eminent Philosophers*. Übersetzt von R. D. Hicks. Loeb Classical Library, I–II, London, 1925.

DIOSCORIDES. *The Greek Herbal*. Übersetzt von John Goodyer, 1655. Herausgegeben von Robert T. Gunther. London, 1933. Nachdruck 1968.

FUCHS, LEONHARD. *New Kreüterbuch*... Basel, 1543, Fotomechanischer Nachdruck.

GERARD, JOHN. siehe Woodward, Marcus

GIMBUTAS, MARIJA. *The Gods and Goddesses of Old Europe*. London, 1974.

HEIBERG, J. L. *Af Lae gemidlernes Historie i den Classike Oldtid*. Kopenhagen, 1917.

HEISER, CHARLES B. *Nightshades, the Paradoxical Plants*. San Francisco, 1969.

HEPPE, HEINRICH siehe Soldan-Heppe

HOVORKA, O. VON, UND KRONFELD A. *Vergleichende Volksmedizin I–II*. Stuttgart, 1908–09.

JOSEPHUS FLAVIUS. *Works*. Übersetzt von H. Thackeray, R. Marcus, Allen Wikgren und L. H. Feldman. Loeb Classical Library, I–IX, London, 1926–65.

KIESEWETTER, KARL. *Geschichte des Neueren Occultismus*. Leipzig, 1892.

Die Geheimwissenschaften. Leipzig, 1895.

KRAMER, HEINRICH UND SPRENGER, JAMES. *Malleus maleficiarium*. 1486.

Malleus maleficiarum. Übersetzt aus dem Lateinischen von Montague Summers. London, 1928. Nachdruck 1971.

KRONFELD, A. UND HOVORKA, C. VON siehe Hovorka, C. von, und Kronfeld A.

LEUNER, H. *Die toxische Exstase*. »Beiträge zur Exstase«. Herausgegeben von Th. Spoerri, in Bibl. psychiat. neurol. No. 134, pp. 73–114. Basel und New York, 1968.

LIND, JENS. *Om Laegeplanter i danske Laegebøger og Klosterhaver*. Kopenhagen, 1918.

LINDEMARK, OTTO. *Vore giftige blomsterplanter*. 2. Auflage. Kopenhagen, 1970.

LINDERHOLM, EMANUEL. *De stora haexprocesserna i Sverige*. Uppsala, 1918.

MARZELL, HEINRICH. *Zauberpflanzen, Hexentränke – Brauchtum und Aberglaube*. Stuttgart, 1964.

MATHESON, RICHARD R. *The Eternal Search*. New York, 1958.

MURRAY, MARGARET ALICE. *The Witch-Cult in Western Europe*. Oxford, 1921.

The God of the Witches. London, 1933.

NIELSEN, HARALD. *Laegeplanter og trolddomsurter*. Kopenhagen, 1965.

OVID. *Metamorphoses.* Übersetzt von F. J. Miller. Loeb Classical Library, I–II, London, 1916.

PAULLI, SIMON. *Flora Danica, Deter: Dansk Urtebog.* Kopenhagen, 1648. Fotomechanischer Nachdruck in 3 Bänden mit einer Einführung und Kommentaren von Johan Lange und Vilh. Møller-Christensen, Kopenhagen, 1971–72.

PERGER, A. R. v. *Deutsche Pflanzensagen.* Stuttgart, 1864.

PEUCKERT, WILL-ERICH. *Hexensalben,* »*Medizinischer Monatsspiegel*«, *8. Folge.* August 1960, pp. 169–174. Darmstadt, 1960.
»*Ergänzende Kapitel über das deutsche Hexenwesen*«, in Barojas *Die Hexen und ihre Welt,* 1967, pp. 285–320.

PLINIUS (SECUNDUS CAIUS). *Natural History.* Übersetzt von H. Rackham, W. H. S. Jones und D. E. Eichholz. Loeb Classical Library, I–X, London, 1938–62.

ROBBINS, ROSSELL HOPE. *The Encyclopedia of Witchcraft and Demonology.* London, 1959.

ROSTRUP, E. *Den Danske Flora. En populaer Vejledning…, 17. Auflage.* Herausgegeben von C. A. Jørgensen. Kopenhagen, 1947.

SMID, HENRIK. *En skøn lystig ny Urtegaardt…* 1577. Nachdruck in Henrik Smith's *Laegebog, I–VII.* Mit einem Nachwort von Anna-Elizabeth Brade. Kopenhagen, 1976.
Enskøn lystig ny Urtegaard. Neu herausgegeben von Skipper Chr. Madsen. Aalborg, 1923.

SOLDAN-HEPPE. *Soldans Geschichte der Hexenprozesse, I–II.* Herausgegeben von Dr. Heinrich Heppe. Stuttgart, 1880.

SPRENGER, JAMES UND KRAMER, HEINRICH siehe Kramer, Heinrich und Sprenger, James.

THEOPHRASTUS. *Enquiry into Plants.* Übersetzt von Sir Arthur Hort. Loeb Classical Library, I–II, London, 1916.

WAGNER, HILDEBERT. *Rauschgift-Drogen.* 2. Auflage, Berlin, 1970.

WOODWARD, MARÇUS (pub.) *Gerard's Herball. The Essence There of Distilled from the Edition of Th. Johnson,* 1636 London, 1927. 2. Auflage, 1971.